年糕妈妈陪你在家早教

李丹阳 林威 著

图书在版编目（CIP）数据

年糕妈妈陪你在家早教 / 李丹阳，林威著 . -- 北京：国际文化出版公司，2023.5

ISBN 978-7-5125-1522-2

Ⅰ.①年… Ⅱ.①李… ②林… Ⅲ.①婴幼儿 – 早期教育 – 家庭教育 Ⅳ.① G78

中国国家版本馆 CIP 数据核字 (2023) 第 032444 号

年糕妈妈陪你在家早教

著　　者	李丹阳　林　威
责任编辑	侯娟雅
出版发行	国际文化出版公司
经　　销	国文润华文化传媒（北京）有限责任公司
印　　刷	北京盛通印刷股份有限公司
开　　本	787 毫米 ×1092 毫米　16 开 19.25 印张　　　　245 千字
版　　次	2023 年 5 月第 1 版 2023 年 5 月第 1 次印刷
书　　号	ISBN 978-7-5125-1522-2
定　　价	98.00 元

国际文化出版公司
北京朝阳区东土城路乙 9 号　邮编：100013
总编室：(010) 64270995　　传真：(010) 64270995
销售热线：(010) 64271187
传真：(010) 64271187-800
E-mail : icpc@95777.sina.net

今天我们怎么当父亲？

林威

这是年糕妈妈出的第五本书，也是我第一次作为家庭成员和合作者，出现在封面上。

糕妈李丹阳是我的妻子。我们在大学校园里相识，工作后走到一起、组建家庭、生儿育女。老大年糕出生后，我鼓励她写公众号，分享育儿心得。当时我说："你好好干，一年后我辞职替你打工。"

这句玩笑话在一年后成真了。她作为"年糕妈妈"取得内容创业的巨大成功，而我成为她生活和事业上共同的合伙人。

一直以来，"年糕妈妈"平台上的内容都是以妈妈视角做分享，但有一个问题频繁出现：

"为什么都是教妈妈怎么育儿？怎么让爸爸更多参与带娃呢？"

就像糕妈出的前几本书，有孕产、辅食、亲子关系的，但是封面上都是妈妈和宝宝，爸爸去哪儿了呢？

因此，糕妈在决定做这本早教书时，说服我加入，因为父母是孩子最好的早教老师，爸爸这个角色本来就不该缺席。我本来有些犹豫，但想到糕妈说的，需要让爸爸的形象出现，也有了一份要尽力的责任感。

整本书的策划从老二发糕出生不久开始，按照宝宝的真实月龄去设计早教游戏，书里的很多拍摄，都是我们带着发糕在爬行垫和户外草地上完成的。每个月龄的游戏我们都有很多讨论，我最看重和看好的是设计上的实操，家里场地允许、材料随手可得，每个爸爸都能带孩子玩得起来。

其实，很多爸爸并不是不喜欢带孩子玩，而是不喜欢被要求、被规定。我觉得，游戏本来就没有定式，只要我们享受其中就好了。就像发糕从小喜欢玩翻跟斗、飞飞机，要玩得很嗨，就要靠爸爸的玩心、臂力和童真。

在深度参与这本书的过程中，我也越来越认同早教需要父亲在场。丰富的生活和外部环境的刺激对孩子大脑发育非常有益。而我喜欢陪孩子去户外活动，培养他们对大自然的热爱，并尽可能地创造条件带他们去看世界。

糕妈说过，也许不是每个男人都能取得世俗意义上的成功，但她相信，每个男人都可以成为一个好丈夫、好父亲。

这是她强大的信念感，她就是这样，一点一点地改变了我。我不像糕妈那样擅长文字和公众表达，但在陪伴年糕和发糕成长的过程中，我感受到了两个孩子回馈给我的爱和温暖，我也想尽量分享自己作为父亲的思考和体验。

如今，中国人口正式进入负增长时代。因为现实的压力，很多年轻女孩恐育。我想，我们男人们也确实到了需要做更多改变的时候了，让爱和幸福的能力代代相传。

这是我为这本书所做的小小贡献，希望这本书的读者里，能有一半是父亲。

张泉灵推荐序

拿到早教书稿后，糕妈请我诚实地评价一下第一感受。

我告诉她，就两个字：好用。

"后喻时代"，经验失效。如今为人父母这件事，无法只凭本能，得要学习，而学习不能依靠只鳞片爪的摄取，是需要系统和框架的。这本书懂中国父母的需求，是内容扎实、可以信赖的早教工具书。它遵循孩子的早期发展特点，列出了不同月龄段的技能里程碑和自测表，指引家长如何帮助孩子学会蹲坐行走、锻炼手指精细动作、建立自我意识和秩序感等，在早教上少走弯路。光是书里大量根据宝宝真实月龄设计、实拍的早教小游戏，就够家长们用上一阵子了。

但我觉得更有价值的，是开头就讨论的早教本质。

分享一个我的经历。2009 年，我给儿子找托班，满北京几乎找不到一个不教识字的。我尝试和老师沟通："可以不教认字吗？可以多花些时间在游戏上吗？"却遭到大多数家长的反对："如果孩子有一个快乐的童年，那就会有一个悲惨的成年。"

如今，十几年过去了，家长心态内卷到极致的表现，就是"剧场效应"：当前排观众站起来了，后排也只能跟随，教育焦虑一直不断传递给更小年龄孩子的家长。

我的一位朋友，在孩子9个月大时就送去上一个四万元的早教班，上课内容是抱着孩子听数学。早教班老师告诉她，这种方法能在孩子的大脑中生成无意识的记忆，长大以后学数学就会比别人更轻松。

听起来有些不可思议，但就发生在我的身边，发生在一个受过高等教育的北京家长身上。我只能把它称为"妄念"，那就是把早教当成了抢跑——"只要我起跑更早，花了更多的时间、精力和钱，孩子在学习中就能比别人更快和更容易"。但真的是这样吗？

现在我从事青少年教育的工作，我可以确定地告诉你：不是的。

就拿上学后写作文来说，孩子在幼儿园抢跑多认几百个字，到二三年级就没什么优势了，大家都拉平了。但是因为早早把孩子关在教室里认字，因此错过的那些自由玩耍、探索、观察和感知，才对他能写出好作文至关重要。一切都有迹可循，父母真正要做的事，从很小就开始了。孩子的能力不是堆积木那样一个个叠加，而是从宽到窄逐渐聚焦：生命最初阶段的地基，核心要义不在掌握知识，而是尽可能地丰富体验。

这也是这本书用了很多篇幅在和家长们讨论的，能在初为人父母时就读到这样尊重孩子早期发展规律的内容，哪怕只是埋下一些线头，能让家长在一些关键时刻问问自己：这真的是孩子需要的吗？也就意义不小了。

说起来，我和糕妈都很欣赏《园丁与木匠》里的观点，父母的职责，不是做木匠，而是做园丁。木匠把孩子当成产品，按自己的目标打磨一只凳子、一张桌子，而园丁只是给予自由的花园、丰饶的土壤，让成长自然而然发生。

希望与这本书的读者共勉，愿我们的孩子自在生长。

李瑛推荐序

第一眼看到这本书，我瞬间被这样一句话打动了——你的家是最好的早教教室！

在儿科临床工作了三十年，特别是从事儿童发育相关工作的这十年来，经常被家长们问到："周围的妈妈们都给孩子报名了早教班，我家宝宝是不是也要去呀？"我每次都会反问："那你在家里是怎么陪孩子玩的呢？"

我相信各位妈妈也都懂得家庭陪伴的重要性，但确实苦于缺少具体而可操作性强的指导。作为一个有医学教育背景的俩娃妈，年糕妈妈也数次跟我聊到这个话题，谈到想结合婴幼儿生长发育规律和她这些年来的实践总结，为妈妈们写一本家庭早教的工具书，现在《年糕妈妈陪你家庭早教》终于面世了，也就有了开头我的感触。

这是一本专为0～3岁婴幼儿设计的早教游戏书，说是一本早教游戏书，其实除了提供上百种家庭早教游戏外，还依据婴幼儿发育规律，按照不同月龄的生长发育特点和能力发育重点，给出了可操作性很强的居家能力自测，让家长们可以抓住宝宝的每一个成长关键点，在"玩"中发现问题，在"玩"中不断纠正，让宝宝在"玩"中获得进步，在"玩"中不断成长。

　　这本书中我认为最具特色的是"早教锦囊"这部分，把一些常见的育儿焦虑点用生动简明的语言给出解决建议，比如"如何帮宝宝减少分离焦虑""惩罚对约束孩子的行为有用吗""如何管理孩子的屏幕时间"等等。除此之外，全程记录了作者的第二个宝宝0~3岁的成长过程，还特别从一个妈妈的角度出发，给出了如何为宝宝选玩具的指南，可以说是一本集知识性、趣味性和实用性为一体的早教类工具书，值得一读。

目录

1 Chapter 第一章 你的家是最好的早教教室

2 Chapter 第二章 宝宝的前 100 天

新生儿的感官发育 /016
新生儿原始反射行为 /017

0 ~ 3 个月婴儿的能力发展

新生儿的动作发育 /020
新生儿视知觉发育 /022
新生儿语言发育 /022
新生儿社会化和情绪发育 /023
刺激宝宝大脑的早期发育，父母应该怎么做 /024

0 ~ 100 天家庭早教游戏

和宝宝说话 /026
飞机抱 /027
每天趴一趴 /028
散步去 /029
好玩的抚触球 /030

家庭早教小锦囊

从宝宝出生起就陪宝宝说话，意义重大 /031
要不要给小龄宝宝做按摩抚触 /033

3 Chapter 第三章 4 ~ 18 月龄宝宝

4 ~ 18 月龄宝宝的认知方式 /038
4 ~ 18 月龄宝宝的心理冲突 /039

1

你的 4 月龄宝宝

4 月龄宝宝重点发育技能：翻身 /044

4 月龄宝宝的能力发展自测 /045

4 月龄家庭早教游戏

我会翻身了 /046

熟悉的面孔 /047

躲猫猫 /048

有趣的书 /049

声音从哪里来 /050

家庭早教小锦囊

模仿的重要性 /051

好的家庭环境到底是什么 /052

你的 5 月龄宝宝

5 月龄宝宝重点发育技能：触摸 /056

5 月龄宝宝的能力发展自测 /057

5 月龄家庭早教游戏

照镜子 /058

小球去哪里 /059

摇铃铛铛铛 /060

玩具藏猫猫 /061

自己拿玩具 /062

家庭早教小锦囊

训练手眼协调能力的好时机 /063

用嘴巴认识万物 /064

你的 6 月龄宝宝

6 月龄宝宝重点发育技能：坐 /068

6 月龄宝宝的能力发展自测 /069

6月龄家庭早教游戏
我会换手了 /070
藏与找 /071
小积木跳跳跳 /072
我的百宝箱 /073
食物真好吃 /074
小手有力量 /075
小纸球 & 小纸条 /076
这是我的大长腿 /077
宝宝的小路 /078
表情游戏 /079

家庭早教小锦囊
餐桌上的早教——食育时光 /080
辅食里程碑 /082
让宝宝多练习咀嚼，加速语言能力 /084

你的7月龄宝宝
7月龄宝宝重点发育技能：爬 /090
7月龄宝宝的能力发展自测 /091

7月龄家庭早教游戏
我抓住你了！ /092
小小守门员 /093
你看起来很好吃 /094
积木多多 /095
小脚真好玩 /096
彩虹去哪里了 /097
我要飞得更高 /098

家庭早教小锦囊
宝宝爬行姿势和别人不一样，需要担心吗 /099
如何帮宝宝减少"分离焦虑"，增加安全感 /100
宝宝为什么总是喜欢把东西扔在地上 /101

你的 8 月龄宝宝
8 月龄宝宝重点发育技能：扶站 /106
8 月龄宝宝的能力发展自测 /107

8 月龄家庭早教游戏
宝宝站起来了 /108
坐稳啦 /109
小小的食物 /110
我会想办法 /111
我会学动作 /112
你不要跑 /113
宝宝的手势 /114
去爬山 /115

家庭早教小锦囊
1 岁前，如何教宝宝说话 /116
宝宝喜欢抓食物，把餐桌搞得一团糟，
要制止吗 /120

你的 9 月龄宝宝
9 月龄宝宝重点发育技能：手部动作 /126
9 月龄宝宝的能力发展自测 /127

9 月龄家庭早教游戏
我会跳舞啦 /128
隧道寻宝 /129
动物饼干好好吃 /130
捞鱼游戏真好玩 /131
积木对对碰 /132
铃儿响叮当 /133
欢迎！再见！ /134
妈妈，我不喜欢 /135

家庭早教小锦囊
喂饭时宝宝喜欢玩饭和勺子，要让他自己吃饭吗 /136
宝宝学站之前，要先教会这个动作 /137

你的 10 月龄宝宝
10 月龄宝宝重点发育技能：蹲坐 /144
10 月龄宝宝的能力发展自测 /145

10 月龄家庭早教游戏
飞机降落啦！/146
我会自己坐起来 /147
投球游戏 /148
藏一藏，找一找 /149
宝宝的百宝箱 /150
我会叫"爸爸""妈妈"啦！/151
玩具总动员 /152

家庭早教小锦囊
锻炼宝宝的联合注意能力为什么如此重要 /153

你的 11～12 月龄宝宝
11～12 月龄宝宝重点发育技能：独自站立 /160
11～12 月龄宝宝的能力发展自测 /161

11～12 月龄家庭早教游戏
手牵手，向前走 /162
乐器大探索 /163
妈妈穿衣服，我配合 /164
神奇小蜡笔 /165
小手更灵巧了 /166
上下楼梯 /167
我会听指令了 /168
好玩的足球游戏 /169

家庭早教小锦囊
如何给宝宝选鞋 /170
如何帮助学走路的宝宝远离危险 /171

你的 13 ~ 15 月龄宝宝
13 ~ 15 月龄宝宝重点发育技能：走路 /176
13 ~ 15 月龄宝宝的能力发展自测 /180

13-15 月龄家庭早教游戏
我的五官 /182
百变山洞 /183
小小搬运工 /184
小球滑滑梯 /185
游乐场真好玩 /186
积木堆堆堆 /187
形状配配对 /188
家务活儿，很有趣 /189
快乐的阅读时光 /190
去钓鱼啰 /191
小袜子找朋友 /192
我是神射手 /193

家庭早教小锦囊
做家务的好处 /194

你的 16 ~ 18 月龄宝宝
16 ~ 18 月龄宝宝重点发育技能：说话 /198
16 ~ 18 月龄宝宝的能力发展自测 /199

16-18 月龄家庭早教游戏
枕头升降机 /200
小脚夹球 /201
豆豆搬运工 /202
定向投球 /203

春天的草地真美 /204
情绪娃娃 /205
彩色毛毛虫 /206
踩影子 /207
寻找小恐龙 /208

家庭早教小锦囊
为什么要鼓励孩子玩假装游戏 /209

4 Chapter 第四章

18～24月龄的宝宝

18～24月龄成长关键词：自我意识诞生了 /213
18～24月龄宝宝能力发展 /218

18～24月龄家庭早教游戏
自己上下楼梯 /220
植物的秘密 /221
好玩的传声筒 /222
树林里的藏猫猫 /223
户外足球真好玩 /224
五彩的泡泡 /225
开心降落伞 /226
喂，你是谁呀？/227
小巧手，穿珠子 /228
倒水入瓶 /229
变高变矮 /230
小汽车的家在哪里 /231

家庭早教小锦囊
为什么现在的孩子更容易近视 /232
宝宝说话晚、词汇量少，需要干预吗 /233

1岁半左右，宝宝为什么会出现睡眠倒退 /234
惩罚对约束孩子的行为有用吗 /235
这个年龄的宝宝为什么喜欢打人、咬人 /236
如何培养宝宝的专注力 /237
回应性照护 /238

5 Chapter 第五章

2～3岁的宝宝

2～3岁成长关键词：入园准备　/241
2～3岁宝宝的能力发展 /244

25～30月龄家庭早教游戏

我的小脚丫 /246
下雨了 /247
小拉链真有趣 /248
小小神投手 /249
拼拼图 /250
将军的马 /251

31～36月龄家庭早教游戏

小小理发师 /252
小小演奏家 /253
有趣的圆圈 /254
娃娃物语 /255
小小建筑师 /256
泡泡火山 /257
毛毛虫要回家 /258
小小登山员 /259
寻找春天 /260
金鸡独立 /261
小积木搭高高 /262

家庭早教小锦囊
宝宝3岁了，说话结结巴巴怎么办 /263
如何管理孩子看电子屏幕的时间 /264
需要帮宝宝戒掉依恋物吗 /265
可以让2～3岁孩子自己做的10件小事 /266
孩子学会撒谎了怎么办 /267

写在后面的话

附录1：性别养育 /272
附录2：二胎养育 /275
附录3：亲子对话 /278
附录4：0～3岁宝宝选玩具指南 /282
参考书目 /286

Chapter 1

第一章

你的家是最好的早教教室

雪夜小牛

"大自然早已准备好了最奇妙的兴奋剂,当母牛的舌头舔它的时候,小牛把身子弓起来,一分钟不到,它已经在摇头摆尾,并试着站起来了。"

英国兽医吉米·哈利在随笔集《万物有灵且美》里,这样描写一头小牛在雪夜出生时的样子,这生命的美妙,是无论看过多少次都会令他感动的小小奇迹。

决定写这本早教书时,我经常会想起读到过的这一幕。小牛、小马一生下来就能站起来,而人类的父母在孩子出生后至少要花上一年的时间,在无数次重复的喂奶、换尿布、哄睡和许多个伴随着哭声的不眠夜之后,才能收获一个摇摇晃晃走出人生第一步的学步儿。

2014年我家老大年糕出生,新手妈妈第一年,在混乱和狼狈中,我最大的感受是:

从来没有人告诉我,养育孩子原来是这么累的事情。

直到5年后,第二个孩子发糕出生,一切重来一遍,但我的心境已大为不同。

这5年里,我创办了育儿自媒体"年糕妈妈",借助这些年不断地阅读、写作所积累的育儿知识框架,发糕出生后,我开始相对系统地做早教内容的学习和实践。

对人类幼崽的大脑发育机制、0～6岁孩子的发展目标了解得越多，我越能够用全新的目光去看待养育孩子的辛苦：

孩子对这个世界的学习，从他的第一声啼哭、第一次目不转睛的凝视就已经开始了。人类幼儿需要的漫长养育期，不是为了来折磨父母，而是他们大脑发育、自我发展的需求。

如果你还是一名新手家长，结束了漫长而辛苦的一天，看着那个只会吃喝拉撒睡的孩子，怀疑这一切的意义时，一定要相信，更壮阔的生命奇迹，正不动声色地发生在孩子的大脑里，他每一天都在努力成长，而且需要你的支持。

这就是早教的起点。

早教是什么

中信证券研究中心的《2018年早教行业分析报告》，把2016年列为早教行业资本化、规模化的"发展元年"。我也货真价实经历过那个"狂热年代"。那时年糕1岁多，眼看着商场里开出一家又一家早教中心，推出的是动辄上万元的昂贵课包，妈妈群里也总是在热切地讨论"要不要报班"的话题。

"早教就是全脑开发，是开发智力的"；

"早教一定要报班的，1岁多就该去了，要专业老师来教"；

"孩子3岁前的教育投资回报率最高，错过了敏感期就没用了"；

……

那两年，我们还经常会看到"用力过猛"的现实场景：

一部反映香港教育生态的纪录片《没有起跑线》中，一个挺着大肚子的妈妈送 2 岁儿子去早教班，发现别人家娃 6 个月大就"入学"了，懊恼之余，她誓要让肚子里的二宝"赢在子宫里"。

这一届父母，对宝宝需要早教这件事情，享有更多的知情权和选择权，这是时代的进步。

但今天的早教往往也伴随着越来越重的焦虑，很少有父母能够完全免疫"成功学焦虑"。教育竞争内卷到子宫里的狂热背后，是家长们总有一种"一步都不能落后"的焦虑，生怕"一步错，步步错"，耽误了孩子的远大前程，早教也因此成了"教育完美主义"的起点。

这是对早教最大的误读。

要理解什么是真正的早教，必须回到人类幼儿大脑的可塑性上去解读。

这是过去 30 年里，脑科学家、认知心理学家、儿童发展专家在研究上的突破，不断为我们揭示出的真相：

一个婴儿在刚出生时已经拥有大约 1000 亿个脑神经元，和成年人大脑中神经元数量相差不大，但新生儿大脑的重量只有成人的 1/4。那么，在大脑发育的过程中，增长和变化的是什么呢？是这些神经元之间会发生的数万亿次相互连接。

神经元的作用是储存和传递信息，外在的刺激和经验能够增加神经元之间的连接。每学到一个新东西，大脑神经元之间就会形成很多新的突触连接（神经科学家把两个神经元接触的部位称为突触），新的信息就能在头脑中得以传递和保存。

这个大脑发育的过程，在婴儿出生时完成 25%，1 岁时完成了 50%，3 岁时完成了 60%，6 岁时达到 90%。

正如世界杰出的幼儿教育思想家和改革家蒙台梭利（意大利）所说，孩子出生后的前 6 年，是他一生中最重要的阶段。尤其是 0~3 岁，这就是父母们一知半解却都害怕错过的"大脑发育黄金期"。孩子越小，大脑就越具有适应性，在婴幼儿阶段得到的大脑发育支持，会成为今后人生发展的关键因素。

20世纪70年代，美国一个研究项目将来自贫困家庭的100多个婴儿随机分成两组。干预组的孩子接受了全天的保育照料，包括动作、认知、语言和社交技能的刺激，另一组则没有。两组孩子的智商分数在一岁左右就开始拉开差距，上学后，干预组的孩子在阅读、数学方面明显成绩更好，优势一直保持到成年后，让他们在就业、婚姻上都更顺利。

《伯克毕生发展心理学》（[美]劳拉·E.伯克）在分析这个案例时给出结论：如果没有任何形式的早期干预，很多出身贫困家庭的儿童就无法实现他们的潜能。

通俗点说，孩子出生时已经具备了全部的大脑细胞，他们的大脑并不是生来是一张白纸，而是预装了强大系统，这些脑细胞需要外部环境和后天学习来激活。如果错过了时机，大脑也非常擅长"断舍离"，那些很少接受刺激的神经元很快失去它们的突触，这一过程叫作"突触剪除"。大脑发育的过程，会经历突触由多变少，在整个儿童期和青少年期，一共要修剪掉大约40%的突触，最终达到成人水平，这就是成年人学新东西远不如孩子快的脑科学原理。

对于孩子大脑里这种日新月异的神奇变化，科学家们有过很多结论，我最喜欢美国著名心理学、儿童发展研究专家艾莉森·高普尼克说的："人类的大脑在生命的最初几年最饥饿、最活跃。婴儿是超级聪慧的学习者，年轻的大脑天生需要探索。"

年轻的大脑需要丰富的刺激

所以，早教是什么？回到最简单的答案，早教就是给婴幼儿足够的刺激，满足他们的探索需求，以增加大脑的可塑性。

就像孩子的身体要喝奶一样，这个刺激是给孩子大脑的喂养，它并不神秘，不需要依赖专业机构和老师，更不是抢跑的"超前学习"，这个刺激就是孩子能在日常生活中得到的体验和丰富的成长环境。

认知发展阶段理论中，孩子出生至2岁是"感觉运动阶段"，婴儿通过眼、耳、手探索环境进行"思维"。如果孩子的大脑是一台预装了系统的电脑，那么他的全身都有"系统升级"的按钮。

我们给孩子做抚触，刺激他们的神经发育；给孩子看卡片、绘本，促进认知；给孩子做被动操，增强孩子的大运动能力……这些都是早教，都在启动孩子大脑升级的按钮。

而当一个孩子开始爬行、开始蹒跚学步，有能力移动自己的身体之后，他们几乎出于本能地为大脑寻找新鲜刺激，家里的每一处都是他们的冒险乐园。

BBC（英国广播公司）纪录片《北鼻异想世界》里，11个月大的英国宝宝西昂刚刚学会走路，科学家们用最先进的眼动追踪装置来同步他的视角，眼动仪记录了每个细节：小小孩童的视野中有非常多的信息，他能穿过整个房间发现小零食、拿到自己喜欢的玩具，又时而抬起头来四处张望，和父母完成眼神交流。

如果这时我们能窥视到他的大脑世界，可能会惊喜地看到，那片未知区域里在不停地点亮一盏盏小灯。

正如我们所知，人类幼儿正处在大脑最有可塑性的阶段，他所听见、看见、闻到、品尝到、感觉到的一切，构建了脑细胞之间的连接。体验越多，神经路径就越牢固，突触的连接和紧密度就越高，大脑认知事物的速度也就越快。

我们能做的，就是给孩子提供机会，给他们可以听的、看的、玩的、摸的，不要限制他们的发展需求。

有些家长可能会因此陷入迷思：既然孩子越小、大脑适应性越强，那就得抓紧时机多学一些，用认字卡、数字卡来训练婴儿，给还没上幼儿园的孩子安排了满满当当的日程表，等等，这样的做法，并不会造就更聪明的"超级宝宝"，反而是违背了孩子独有的大脑发展规律。

大脑能处理的信息量是有限的，打个比方，这阶段孩子的注意力就像一盏灯笼，渴望四处打量，照亮脑海中尽可能多的未知区域，而家长们希望孩子进行的学习，却会把模式调成手电筒，只往一个方向照射，会错过一大片处女地。

婴幼儿需要的学习，不是抽象的知识，而是具象的生活，匆忙进行早期刻意训练反而会使他们的神经环路不堪重负，从而伤害大脑，并降低大脑对日常经验的敏感性。

<mark>早教并非越多越好，婴幼儿大脑需要的是适龄、丰富但不过载的刺激。</mark>

孩子的大脑发育要基于他的生活经验，是在分享食物、藏猫猫游戏、睡前洗澡、讨论绘本、唱歌或去超市等这些愉快的日常活动中自然而然发生的。

美国诗人露易丝·格丽克在诗中写过"我们只看一次世界，在童年，其余都是回忆"，可能无意中道出了早教的核心：新鲜大脑对这个世界的第一次认知和体验，塑造了孩子今后的人生。

对此理解越多，我越坚定了自己的早教观：<mark>家是最好的早教教室，父母是孩子最好的早教老师，生活处处皆早教。</mark>

在家早教的重要原则

发糕3岁入托前没有上过早教班，但我会善用陪伴他的时间，也经常拍视频记录：在家玩大龙球是感统训练、在草坪上爬是大运动锻炼、在小区里认花帮助他的认知发展和语言启蒙，摸一摸石头、闻一闻榴梿、按一下家里的电灯开关、在超市货架上拿到喜欢吃的饼干……在我看来，这些都是藏在生活中的早教。

其实，在家早教并不困难，正常的家庭环境都能为孩子提供足够的刺激。作为关心孩子早期发展的家长，你可以和宝宝一起玩我们在书中设计的月龄游戏，哪怕每天只有 10 分钟，也是一节不错的家庭早教课，贵在坚持。

你也可以创造属于自己的"早教时刻"，不用拘泥于时长、场地和频次，只要把握住核心——<mark>早教的目标是帮助孩子均衡发展，最核心的原则是陪伴和示范。</mark>

陪伴原则

西班牙神经心理学家毕尔巴鄂在《孩子的大脑》一书中写道："当你和孩子交谈时，当你亲吻他时，或者你只是静静看着孩子的时候，孩子大脑内部的神经元都会建立连接。"

早教不只需要认知刺激，还需要情感刺激，亲子间的情感交流，本身就是孩子大脑发育最好的催化剂。父母的爱和回应让孩子感到安全，良好的亲子关系是他们去探索未知世界的坚强后盾。

从早教的角度去理解亲子陪伴，你会更加认同它的重要性，而把陪伴作为最核心的原则，也会改变你对待早教的方式。

早教是学习，但不是传统意义上的那种学习。学习是一件目标清晰、结果严格的事情，而早教要的是过程，是滋养。"孩子只有感受好，才会表现好"，这不是感性的描述，而是脑科学告诉我们的真相。

举个例子，"陪孩子看绘本"是个经典的早教场景，很多人以为"看绘本"是早教，就让点读笔代劳，更看重孩子是不是学会了书里的儿歌、认识了书里的字。其实，更重要的部分恰恰是"陪孩子"，孩子在父母的怀里听着熟悉的声音、为有趣的故事相视而笑，是这种愉快温暖的体验在激活孩子的头脑、建立他的安全感，甚至塑造他的人格。

把当下的陪伴看作早教，你才能学会重视过程、忽略结果。

示范原则

初为人父母，我们都有"傻乎乎"的时候，对着几个星期大的宝宝吐舌头、做鬼脸、傻笑，都能玩上好久。之所以乐此不疲，是因为这么大的孩子已经有能力观察和模仿大人的表情，你微笑，他也用微笑回应你，那一刻的美好千金不换。

5 个月大的孩子，会在大人说话时也尝试着咂嘴巴，发出声音。

11 个月大的孩子，会在大人示范下学习挥动双手表示再见。

记得发糕 1 岁多时，就很喜欢模仿奶奶扫地、模仿爸爸接电话，甚至煞有介事地坐在梳妆台前往自己脸上比画，模仿我化妆的样子。

这些行为背后，是孩子在通过不断模仿和反复试错，来活跃自己的脑神经之间的连接，提升自己的能力，开发自己的智力。家庭生活的每一幕，都是在孩子面前上演的真人秀，给他们飞速发育的大脑提供了大量观察的机会。

每一次过家家，都是对今后人生的演练，孩子就是在模仿中学习的。

所以，遵循示范原则做早教，就需要我们有身为"演员"的自觉。从陪孩子说话、唱歌、玩游戏，带孩子吃饭、洗澡、穿衣服，到做家务、处理日常琐事，只要我们放慢动作、详细解说、再来一遍，就是在给孩子提供最好的学习机会。

一个有安全感的愿意探索的孩子，总是不停地在问为什么，看到什么都会好奇，耐心地等一等他，给他看一看、听一听、摸一摸、问一问的机会，你给孩子的帮助就会远胜最专业的早教老师。

一个孩子指着图片认出玫瑰花，跟着点读笔读出"rose"，这固然是早教；他在花园里看到花瓣的柔美、闻到花香的馥郁，他的大脑记住这种难以言说的独特体验，这也是早教。如果父母把他抱在怀中，愉快地指给他看："宝宝，这是玫瑰花呀，你看它是粉红色的，它漂亮吗？它跟宝宝一样，是香香的哦！"他感受着父母对他的关注，头脑中的神经连接得到加强，情感得到滋养，这就是最好的早教。

我相信，这本书的读者，都是关心孩子早期发展的父母，你也许跃跃欲试，想要养出一个天才宝宝，也许无所适从，生怕错过孩子的天赋。

这年头大家做父母都不容易，让孩子享受当下的快乐，还是要"为之计深远"，成了育儿决策的核心矛盾。但幸运的是，在孩子6岁前，父母出于本能的爱和包容，恰恰就是孩子最需要的也是父母最正确的选择。

你们知道吗？刚刚学会走路的孩子，如果家长没有干预或者组织，他们每天会花上超过6小时来练习行走，行走的路程有29个足球场的长度那么远。他们会自己试着，让小小的、不稳健的步伐，慢慢变成较大的步幅；他们还会不断尝试让双脚并拢、脚趾向前，让腿变得对称协调。

小宝宝是带着与生俱来的强大学习能力来到这个世界的，只要给他爱和守护，给他环境和机会，他的天性和禀赋自然就会得到生长。

这也是我用这一章想要告诉大家的：只要你理解了孩子需要的帮助是什么，带着早教的思路来陪伴孩子成长，就可以更放松地看待育儿。

你可以忘掉所有那些关于大脑发育的知识，那些不要紧，只要记住好好爱自己的孩子就够了。身为父母，让孩子吃饱穿暖是本能，哺育孩子的大脑也是本能。

从这个角度说，早教的本质，就是给孩子一个快乐的童年。这听起来也许比较任性，但它就是我真实的感受。

我很喜欢加缪所说的，"对未来的真正慷慨，是把一切都献给现在"。接下来的章节里，我会陪着大家一起，跟随孩子成长的时间轴，去认识他们在不同阶段的发展特点、他们在发展关键期需要的关键帮助是什么。你会更了解你的宝宝。

我也设计了大量匹配宝宝真实月龄需求的早教游戏。在我陪发糕做早教的过程中逐月拍摄记录，这成了我家孩子成长的一份独特记录，也希望它能陪伴你和你的孩子度过属于你们的早教时光。更希望你能享受此刻，相信生命自有答案。

Chapter 2

第二章

宝宝的前 100 天

The first 100 days
宝宝的前 100 天

一个小生命的诞生，是一件多么奇妙的事情。

当你第一次抱着这个娇小又柔软的小家伙时，一定会沉浸在千万种情绪当中，有难以名状的兴奋，也有忧虑，更为如何照顾好如此脆弱的宝宝而感到紧张。

其实，不用过分担心，尽管你的宝宝在生理上还必须依赖父母，但他从一出生就具有很多令人惊奇的先天技能，比如能准确找到妈妈的乳头吃奶、喜欢近距离地看着父母的脸和他们交流、对声音很敏感，甚至会模仿你的表情和音调。而且宝宝拥有很强的学习能力，每一天都显示出惊人的进步，提醒你生命与生俱来的美妙与神奇。

到 100 天左右，宝宝已经能自如地活动四肢，上半身也变得更有力量，能够在床上趴一会儿了，也能灵活地转动头部，有的宝宝甚至已经会翻身了。他会经常发出"阿公""啊咕咕"的声音，还会经常对你微笑，这些可爱的笑容让你们之间的关系更加亲密。

当然，宝宝的出生，也意味着夫妻角色的转变。男性和女性的照料责任差别变大，妈妈要付出巨大的精力照顾宝宝，夫妻之间彼此给予对方的时间变少，育儿分歧加大，很多夫妻关系在宝宝出生一段时间后变得紧张，充满矛盾。

因此，非常期望爸爸能在孩子一出生就参与育儿、分担家务，在工作和家庭之间寻求平衡，不要让妻子独自一人扛起繁重的育儿负担。有研究表明，共同承担育儿任务的夫妻，对婚姻的满意度更高。

早教也应该从宝宝一出生就开始。不过，别紧张，只要能在照顾好宝宝的吃睡之余，多对宝宝微笑，帮助他活动身体，多和他说话、念书、唱歌给他听，带他去外面呼吸新鲜的空气，及时回应他的需求，让宝宝感受到关心和爱，就是宝宝头三个月最好的早教。

新生儿的感官发育

刚出生的宝宝，会将自己蜷成一团，就像在子宫里那样，四肢蜷在体侧，手指紧握成拳，两脚自然向内侧弯曲。可能需要几星期，他的身体才会从这种熟悉的胎儿姿势逐渐舒展开来。此时的婴儿并非只懂得吃喝拉撒，在子宫内，他们的一些感官已经有了初步的发育，足以让他们应对缓缓在他们面前展开的斑斓世界。

味觉和嗅觉发育

· 新生儿的嗅觉和味觉可以将母乳和其他液体区分开。

· 婴儿喜欢甜味，酸味或苦味会让他皱起鼻子。

视觉发育

· 宝宝出生时视觉系统发育不成熟，他们的眼睛不能很好地聚焦，视敏度和分辨力也有限。

· 新生儿在安静、清醒的状态下，可以短暂注视物体，视力范围在15～20厘米。当妈妈把他抱在怀里喂奶时，他可以看清妈妈的脸。2周内，他就可以区分爸爸妈妈脸的外形。

· 宝宝出生时可以分辨明暗，给他们看黑白图案或强烈的对比色，他会很有兴趣。

触觉发育

· 刚出生的宝宝，最重要的感觉是触觉。

· 研究显示，亲密的拥抱和抚摸可以有效刺激婴儿的生长发育。

· 宝宝喜欢柔软的毯子和温暖的臂弯，这会带给他安全感和舒适感。

听觉发育

· 新生儿能够听见多种类型的声音，更喜欢复合音，比如噪声和语音。

· 很小的婴儿就对人类的语音有特殊的敏感性。

· 对声音的敏感性是新生儿探索环境的基础之一，1个月内的新生儿就会注意到音乐和声音，听到父母的声音会安静下来。对声音精准定位的能力在前6个月里提高很快。

新生儿原始反射行为

除了感官发育，新生儿还保留了许多原始反射行为，帮助他们适应新的环境。

原始反射行为是指宝宝一出生就有的能力，当外物刺激时会不自觉地做出反应，比如把一根手指伸进宝宝的小手，他就会紧紧握住你的手指。

新生儿的大部分动作是反射性的，这些常见的新生儿反射大部分会在第2～4个月时消失。

常见的原始反射

持续时间 出生至 4 个月	**觅食反射** 当你拨弄他的面颊或嘴唇时，婴儿会将头转向抚摸的方向并张开小嘴，这种反射帮助他在吃奶的时候找到乳头。如果不了解觅食反射，家长看到宝宝在外界刺激下有寻找乳头或者奶嘴的动作，会认为他饿了，造成过度喂养。
持续时间 出生至 4 个月	**吮吸反射** 用手指或乳头轻轻触碰宝宝的嘴唇，宝宝会马上进行口唇和舌的吮吸。
持续时间 出生至 4 个月	**拥抱反射** 托住宝宝的颈肩部，使身体上部离开床面，当突然改变孩子的体位，使头向下 10°～15°时，宝宝会出现双手握拳、双臂先伸展后内收的"拥抱"姿势。
持续时间 出生至 2 个多月 * 在快 1 岁的时候重新出现，不过那时已经变成了自主的学步行为。	**踏步反射** 宝宝还无法支撑自己的身体，但如果你用手从婴儿的腋下托住他（注意扶着头部），让他的脚掌落在平面上，他就会将一只脚抬起放在另一只面前，开始"走路"。
持续时间 出生至 5～6 个月	**抓握反射** 如果你用一根手指伸进宝宝的掌心并轻压他的小手，他就会牢牢抓握住你的手指。出生头几天，婴儿的抓握非常有力，这是宝宝的无意识行为。
持续时间 出生至 3～4 个月	**强制性颈部反射** 当宝宝平躺时，如果将他的头转向一侧，但是身体不转动，这时孩子转向这一侧的上肢会伸直，另一侧上臂外展，前臂屈曲向后，就像拉弓射箭一样。

新生儿的原始反射行为有 3 个方面的意义

1. 一些反射具有生存价值,比如觅食反射、吮吸反射能帮助吃奶的孩子找到妈妈的乳头,还有一些反射具有自我保护的作用,比如惊跳反射。

2. 新生儿是否拥有这些原始反射,能够反映出宝宝的大脑神经发育是否正常,有些早期异常也可以从这些反射的变化中看出来。随着年龄增长,大脑中枢神经逐渐发育,婴儿对行为的自主控制逐渐增加,大多数反射行为会在 6 个月内消失。

3. 原始反射能锻炼宝宝的肌肉和骨骼,帮助宝宝的大脑和脊髓建立联结,为稍晚发展的复杂动作、技能打下基础。

[0～3个月婴儿的能力发展]

新生儿的动作发育

动作发育①：趴

宝宝从出生开始，每天都需要一些"俯卧时间"。新生宝宝每天2～3次，每次3～5分钟，少量多次练习，逐步增长"俯卧时间"。最好选择宝宝心情愉悦的时机，比如当宝宝刚喝完奶的一小时之后（不要刚喝完奶就做，容易吐奶），或者宝宝刚换完干净的尿布。

当宝宝适应趴着后，可以逐步延长"俯卧时间"，建议3～4个月的宝宝每天至少趴20分钟。

> **趴对宝宝有很多好处**
> · 可以帮助宝宝锻炼头部、颈部、肩部以及腹部的肌肉，为宝宝以后翻身、独坐、爬行和走路打下良好基础；
> · 可以促进感官发育，使宝宝用一个全新视角看世界；
> · 通过适当挤压腹部，可以减少宝宝肠胀气，适当的腹压还有利于宝宝内脏器官发育。

动作发育②：抬头

宝宝的动作发展是按照从头到脚的顺序来的，掌握对头部的控制，是宝宝出生后第一个重要的里程碑。

学趴时，宝宝会挣扎着想要抬头四处看看。即使宝宝只能抬起一两秒钟，也可以让他看到一个截然不同的世界。

多让宝宝练习趴和抬头，会加速他腹部和颈部肌肉的发育，这样在满月时他就可以更好地控制头部动作。大约4个月，宝宝就可以用手肘撑起头部和胸部。

在宝宝3个月以前，还无法独自将头竖起，抱他的时候一定要注意托着他的头颈部。

动作发育③：四肢运动

随着神经系统发育成熟，肌肉控制能力增强，婴儿的四肢动作会变灵活。

手部动作

·一开始宝宝的两只手会紧握成小拳头，大拇指被其他四根手指包在里面。

·2个月左右，宝宝的小手放松了，张开双臂像是要拥抱这个世界。

·3个月时，宝宝的手大部分时间处在半开半合状态，他开始能抓起摇铃等很轻的玩具并摇晃，玩具越轻，他控制得越好。

腿部动作

·2个月时，宝宝的双腿会从新生儿特有的蜷曲姿势渐渐伸直，有时会像蹬自行车一样，踢动双脚，把他趴放在床上，他的腿会做出爬行动作。

·满3个月以后，宝宝甚至可以从仰卧姿势靠踢腿来翻身，变成俯卧姿势。

新生儿视知觉发育

宝宝会仔细观察视力范围以内的东西，人脸是他最喜欢看的。

有时，只要看到你的眼睛他就会笑，对你的面部表情会有反应。

出生不久，宝宝就会用眼睛跟随物体，为了帮助他锻炼这一技巧，父母可以多跟他玩追踪游戏，增强他看东西和辨别图案的能力。

视觉协调能力的增强会给他感知深度的能力，让宝宝学会跟踪拉近和远去的物体。

3个月大时，他还会有对手臂和双手的控制能力，可以拍打在他上方或面前移动的物体——要等很长时间他才拍得准，但这种练习有助于他手眼协调能力的发育。

0~100天里，婴儿的远视程度逐渐减轻，可以盯着几米外的玩具看。

新生儿语言发育

通过倾听父母或其他人对他讲的话，婴儿很快会发现语言的重要性。

·1个月大，宝宝就可以听出你的声音。他用笑容和叽叽咕咕的声音来回应你时，看到你脸上绽放的笑容，会意识到交谈是一个双向的过程。

·2个月前后，宝宝不仅会发出叽叽咕咕的声音，而且会重复一些元音（啊啊啊，哦哦哦），你可以模仿他的儿语，和他进行"交谈"。

早期对话会教宝宝很多微妙的沟通规则，比如说话的语气、节奏、速度。慢慢地，宝宝就能感知对话背后的情绪。如果你用快乐或温柔的方式跟他说话，他可能对你笑或发出声音；如果你对他咆哮或发脾气，他可能感到很惊慌，甚至哭起来。

新生儿社会化和情绪发育

婴儿清醒的时候,每天花很多时间观察周围的人,倾听他们的谈话。

你说话时,他可能张大嘴巴,睁大眼睛,或者模仿你。

2个月左右,他会发出真正快乐的微笑,笑容能帮助他吸引更多的关注。

微笑是小宝宝表达需求的一种方式,让他对周围发生的一切更有控制感。他通过笑容和你互动,这些互动越多,他的大脑发育程度就越高。

到了3个月大时,宝宝更爱笑了。清醒时,他会用一个灿烂的笑脸主动开始和你聊天,同时发出一些声音来吸引你的注意力。

> **刺激宝宝大脑的早期发育，父母应该怎么做**
>
> "儿童的发育速度不一样，很多不同源于先天，而不是后天，每个个体天生就设定好，会在特殊时期微笑、抬头、坐着、迈出第一步。研究表明，宝宝的发育进度不能加速，但如果没有提供发育所需的充分环境，缺少刺激或者机会，营养不良、健康不佳或缺少足够的爱和关注，发育就会减慢。"
>
> ——《海蒂育儿大百科（0～1岁）》

在第一章我们已经提到，0～3岁是宝宝大脑发育的黄金期。其中，基因遗传对孩子的智商和能力有决定性的作用。但神经学家发现，孩子出生后最初几天、几个月和几年的经历体验都对大脑发育有着巨大的影响。

也就是说，成长环境同样重要。后天培养和先天条件对孩子发育具有相辅相成的作用，这意味着父母拥有一个好机会，帮助孩子良好地发育，为他今后的社交、健康和认知能力奠定基础。

那么，好的后天培养是怎样的呢？

在《孩子的大脑》中，毕尔巴鄂提到，"孩子的大脑也日复一日地寻求着安全感、发展和爱的满足"，而不是昂贵的兴趣班。

早教不是学习知识，而是培育宝宝的人格和学习能力。

所以，从宝宝出生开始，父母要坚持做下面这些事情：

1. 给孩子足够的爱和关注

多拥抱、抚摸宝宝，留意宝宝的情绪变化，了解他发出来的信号，当孩子高兴或者情绪低落的时候，及时做出反应。

不用担心你的关怀会宠坏孩子。6个月以内，你越是迅速且耐心地安慰躁动的孩子，他长大后就越不用费心。这么小的时候，他需要不断地被安慰才能感到自己很安全，才能拥有对你的信任。现在帮助他建立这种安全感，你就会帮他打下自信和信任的基础，让他能逐渐放开你的手，成为一个坚强而独立的人。

2. 多跟宝宝互动

不要怕宝宝听不懂，穿衣服、洗澡、吃奶、散步、哄睡的时候，给他唱歌，或者用简单生动的词汇与他聊天，对孩子的表情、声音和肢体动作做出反应。

3. 给孩子提供不同形状、不同大小、不同质地的色彩丰富的玩具

前3个月，给宝宝看一些图画书和黑白色卡，刺激宝宝的触觉、视觉发育。宝宝对你的脸非常感兴趣，你可以和宝宝玩藏猫猫的游戏。

3个月以后，宝宝的吃和睡会变得越来越有规律。哭闹变少后，宝宝已经能够自己躺在床上玩一会儿了。这是因为宝宝的神经系统正在成熟，身体控制能力正在增强，可以更好地自己处理每天遇到的压力。

0～100天家庭早教游戏

和宝宝说话

● **游戏目的：**

训练语言能力
　　社交能力
　　　模仿能力

● **游戏玩法：**

1. 在宝宝吃饱睡好，精神状态比较好的时候，抱起宝宝，然后对他微笑，看看他会不会也对你微笑。

2. 你可以跟他讲话，对他唱歌，看他有什么反应。

3. 当他发出声音时，你也跟他发出同样的声音。

● **技能贴士：**

刚出生的宝宝非常喜欢听见你的声音，看到你温柔的面庞，感受你温柔的触摸，还喜欢被你有节奏地左右轻轻摇动，这种摇动和宝宝在子宫里的感觉很像。这不仅可以安抚宝宝的情绪，促进宝宝的听觉能力和视觉发育，还可以增强宝宝的平衡能力。

经常和宝宝做这样的互动，你会发现，你们的关系更亲密了，而且你还能预测出宝宝什么时候会对你笑、什么时候会看着你、什么时候会发出声音等。

在宝宝这么小的时候，辨别和回应宝宝的微妙信号，是你在告诉宝宝，他的想法和感觉对你很重要，可以影响周围的世界。这些信号对宝宝的自信和自尊的发展至关重要。

飞机抱

● **游戏目的：**

训练身体感知能力
　　触觉刺激
　　颈部力量

● **游戏玩法：**

1. 宝宝肚子朝下，用手臂托住宝宝的胸部和腹部，如果是新生儿，切记要时刻托住他的头部。

2. 一边唱歌一边轻轻让他前后摇摆。在你的手臂支撑下，宝宝化身为一架轻盈的小飞机。

● **技能贴士：**

　　在宝宝哭闹不止或很烦躁的时候，飞机抱可以让宝宝安静下来。腹部的压力可以给宝宝带来触觉刺激。宝宝还会尝试练习抬起头部、颈部和肩膀，这样宝宝视野扩大，可以好奇地打量周围的环境。

0～100天
家庭早教游戏

每天趴一趴

● **游戏目的：**

锻炼上肢力量
颈部肌肉

● **游戏玩法：**

1. 先把宝宝从仰卧翻为俯卧，趴在床上或垫子上，然后将宝宝的小手放在前面，将两侧小胳膊肘支撑起来，趴3～5分钟。

2. 你可以趴在他对面，或者在他面前放他喜欢的玩具，跟他一起互动，引导他主动趴着。

● **技能贴士：**

对于小月龄宝宝来说，锻炼大运动最有效的方式是趴。趴着能帮助宝宝锻炼头部、颈部、肩部、背部和四肢的肌肉，并促进运动技能的发育，趴着时宝宝会努力抬头、抬胸、爬，抬头时会努力用手撑床面，促进手掌张开。只有手掌张开后，宝宝才能开始捏、拿东西，从而开启手指精细运动。多趴的宝宝，能更好地探索周围，这是宝宝以后学习坐、爬行、站立和走路的基础。

注意，在宝宝刚吃完奶的时候，不要让他趴着。

散步去

● **游戏目的：**

促进宝宝多感官发育

● **游戏玩法：**

在天气好的时候，把宝宝放在婴儿推车里或者背在婴儿背带里，带着宝宝去附近的公园或者空气好的地方走一走。

● **技能贴士：**

适当的户外运动带给宝宝的好处很多——可以让宝宝开阔眼界、愉悦心情，还可增进他的皮肤和鼻黏膜的功能，促进他的大脑皮层形成条件反射以改善体温调节能力，增强他适应外界的能力和对疾病的抵抗力，预防感冒的发生。

新鲜空气比室内空气含氧量更高，有利于新生儿呼吸系统和循环系统的发育，婴儿接受适当的紫外线照射，可使身体产生维生素 D，有利于对钙的吸收。

孩子在户外，可以看到更多的人和物，在观察和交流中促进他的智力发育。活动时间从 5 分钟起，逐渐延长，每日 2 ~ 3 次，让孩子对外界环境适应后再逐渐增加。天气容许的情况下，满月后的孩子每日户外活动应该逐渐达到 2 小时以上。

请注意，夏季不要让太阳直射宝宝身体，不要带宝宝到人多嘈杂的地方，噪声太多的话，会让宝宝感到压力。还有，天气比较热的话，记得及时给宝宝补充水分。

0~100天 家庭早教游戏

好玩的抚触球

● **游戏目的:**

增强身体感知能力
刺激触觉发育

● **游戏玩法:**

1. 让宝宝平躺在垫子上,用抚触球轻轻地按摩他的手、脚、腹部、脸部,然后沿着四肢滚动,手指和脚趾也不要忘了按摩。按摩的时候,用温柔的声音告诉他你在做什么,或者为他念一段朗朗上口的童谣,让游戏更有趣。

2. 把抚触球放在宝宝眼前,宝宝可以观察抚触球的颜色、形状,还可以用手去触摸它。

3. 也可以让宝宝趴着,拿小球放在他背上,从上往下滚。

道具准备:
抚触球

● **技能贴士:**

宝宝的触觉非常发达,身体的各个部位受到刺激都会做出反应。用抚触球轻轻地按摩宝宝的身体,宝宝会很喜欢这种触摸,会让他身体放松下来。

这个月龄的宝宝还分不清你和他是两个不同的个体,也不知道哪些部分(比如手、脚)是他自己身体的一部分。所以小月龄的宝宝,晚上睡觉的时候经常手脚挥舞,把自己吓醒。这个游戏可以强化宝宝刚开始萌生的身体感知能力。如果宝宝尝试抓住或者踢球,也能很好地锻炼身体协调性。宝宝醒着的时候,多玩这个游戏,是非常高质量的亲子互动哦!

家庭早教小锦囊 01

从宝宝出生起就陪宝宝说话，意义重大

很多父母认为跟宝宝说话意义不大，如果你也这样认为，那就大错特错了。

在宝宝的前三个月，千万别忽视和他的交流，这种早期的亲子交流对婴儿的社交和情感发育有非常重要的作用。热情地对他的笑容做出回应，经常对着他说话，读书给他听，等等，会让他知道，他是重要的、被爱着的，这能够帮助宝宝建立安全感。

虽然宝宝或迟或早都能学会说话，但如果我们从宝宝刚出生开始就有意识地与宝宝交流，会加快宝宝的语言和认知能力发育。完全得不到交流的宝宝，不仅语言发展会遇上问题，在其他成长领域也会很困难。

那么，如何跟宝宝说话呢？

1. **看着宝宝**。和宝宝说话时，看着他的眼睛，可以让宝宝的注意力更持久。

2. **跟宝宝描述你们正在做的事情**。穿衣服、吃饭、去散步、坐车子等都可以跟他"聊聊"。说得多了，可以让宝宝慢慢理解这些事情，而理解是表达的基础哦。

3. **语句简单**。宝宝的注意力有限，跟他说话时，尽量多用简短的句子和有对应实物的名词，少用抽象的代词（你、我、他等）。

4. **提高音调**。宝宝喜欢音调更高的声音，想要吸引宝宝的注意力的话，可以试着用比较尖细的声音跟宝宝说话，他会更感兴趣。

5. **模仿**。如果不知道怎么跟宝宝说话，可以先从模仿开始，当宝宝发出咕噜咕噜的声音时，你也可以用咕噜咕噜的声音回应他。慢慢地，你将发现，模仿会成为你们都很享受的小游戏，宝宝也很容易被你的模仿逗乐。

01 家庭早教小锦囊

和宝宝交流的最佳时间是什么时候呢?

虽然看上去,新生儿只会吃、睡和哭,但事实并非如此。新生儿大概有 6 种状态:安静地醒来、活动着醒来、大哭、昏昏欲睡、安静地睡觉和睡着时活动。其中,"安静地醒来"是和宝宝交流的最佳时刻。

当宝宝"安静地醒来"时,他的行动能力是受到抑制的,基本不能动,所以他会把所有精力用来看和听。这时和宝宝说说话、玩玩小游戏,不仅能让宝宝的心情更加愉悦,也会让早教更加有效。第 1 个月末,新生儿每天大概会有 2.5 个小时保持这样的状态。

如果宝宝"活动着醒来",此时他会对自己的身体更感兴趣。动动小手、踢踢小腿、挠痒痒等身体活动,会让宝宝更加舒适,也最有益于他的身体发育。

家庭早教小锦囊 02

要不要给小龄宝宝做按摩抚触

抚触可以帮助宝宝更快地入睡，呼吸更顺畅，也更加机灵。按摩还能带给宝宝以下好处：增强免疫力，强化肌肉的发育，刺激生长，缓解肠痉挛，改善出牙痛和腹部不适，更好地促进睡眠，刺激循环和呼吸系统，减轻压力（没错，宝宝也有压力）。

父母对宝宝的拥抱、亲吻和抚摸，有助于宝宝的成长，增进亲子关系。充满爱意的抚触还能减少宝宝的攻击行为，给宝宝按摩也能让父母得以放松。

需要注意，给宝宝按摩，需要选择宝宝放松的时间，不要在宝宝很饿或者刚吃饱的时候按摩。刚洗完澡后就是很好的按摩时间，游戏之前也是个不错的选择——按摩之后，宝宝会更加专注。

按摩前，记得布置一个很放松的环境。这里应该安静、温暖，至少保持 24℃，调暗灯光减少刺激，还可以播放轻柔的音乐。你可以坐在地板上或者床上，将宝宝放在你的大腿上或床上，将毛巾、毯子铺在宝宝的身下。按摩前，可以先用双手搓热按摩油或者润肤露。

在你进行按摩的时候，轻柔地对宝宝说话或者唱歌。宝宝会发出开心或犯困哭闹的情绪信号，告诉你按摩是否舒服，要不要继续按摩，什么时候按摩可以结束。

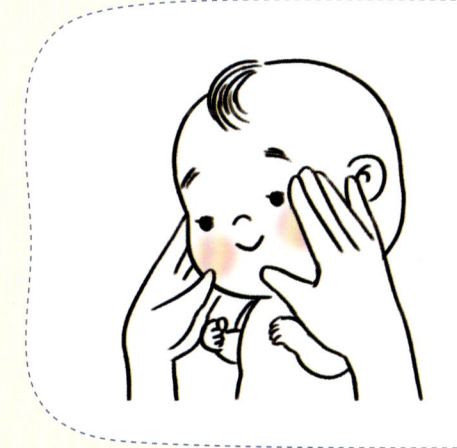

一、头面部
1. 两手拇指顺着宝宝眉弓上沿，由眉心向太阳穴滑动。
2. 两手拇指由宝宝下巴中间分别向两边滑动至耳前，划出一个"微笑"。
3. 四指并拢，用指腹从宝宝前额中央发际插入，向后按摩至耳后乳突（耳郭后凸起部位）处并轻压。

02 家庭早教小锦囊

二、胸部
双手放在宝宝的两侧肋缘，左手滑向右肩，右手滑向左肩。记得要避开宝宝乳头。

三、腹部
在宝宝腹部绕脐以顺时针方向按摩。宝宝的脐带还未脱落时，抚触时请尽量不要碰到。

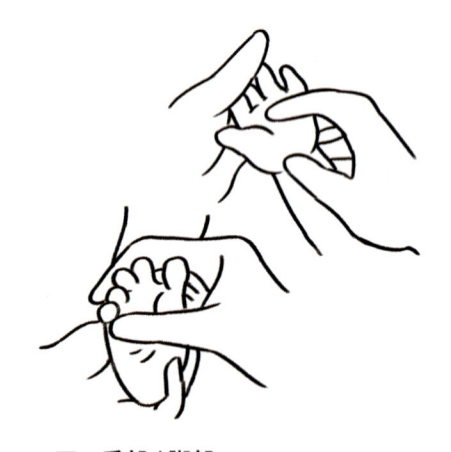

四、手部 / 脚部
1. 双手捏住宝宝的一只胳膊，从上臂到手腕轻轻挤捏。
2. 两手拇指置于宝宝掌心，两手交替用四指指腹由腕部向指头抚触手背，再按摩小手掌和每个小手指。
3. 用同样的方法轻轻按摩宝宝的腿和脚。

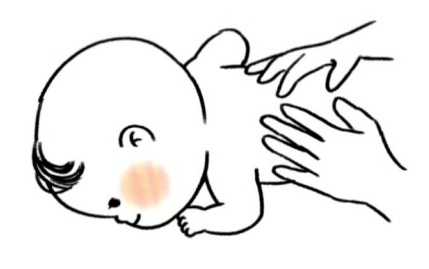

五、背部
1. 让宝宝平趴着，注意宝宝脸部，保持呼吸顺畅。
2. 双手交替从宝宝头部开始沿颈部顺着脊柱向下按摩。
3. 双手指尖轻轻从宝宝脊柱向两侧按摩。

Chapter 3

第三章

4~18月龄宝宝

4 ~ 18 months
4 ~ 18 月龄宝宝

对父母来说，宝宝 4 ~ 18 月龄，会是一段平静、甜蜜并且充满各种惊喜的时光。

这时，宝宝对父母是全然依赖的，除了偶尔的小状况外，你们就像一对默契的舞伴，总是很容易就保持愉悦的同频状态。这个全然信赖的阶段，无比亲密，也无比短暂，18 个月龄后，宝宝的自我意识出现，这种奇妙的同频状态就彻底结束了。

在这段亲密无间的时光里，宝宝与生俱来的强大学习能力，会创造一个又一个小小的奇迹。你会看到，原本看起来小小的、只有反射性动作的婴儿，会逐渐变成一个有主张的人，并能够解决简单的问题，甚至还开始掌握两个惊人的人类能力：直立行走和说话。

他们的身体仿佛内置了一个超级学习程序，大多数宝宝会在某个特定的时间段内，顺其自然地获取抓握、坐、爬行、站立、走路等动作技能，并在适当的日常经验刺激下，慢慢学会说话、情绪表达等技能。

这是宝宝成长过程中，最不寻常和繁忙的一段发育时期，你会见证宝宝达成许多个人生第一次。

4～18月龄宝宝的认知方式

4～18月龄是宝宝动作能力发展最快的阶段,他会密集地学会各种里程碑式的动作技能。随着大运动和手部精细动作的快速发育,宝宝开始形成这个阶段独有的认知方式。

根据认知发展理论的划分,18月龄之前,婴儿过的还是纯粹的感知运动生活。所谓感知运动,指儿童是通过他们的眼睛、耳朵、手和其他感知运动的器官进行"思考"的,他们无法像成年人那样在大脑内通过"演绎"完成许多活动,他就像个对世界充满强烈好奇心的科学家一样,对所有新鲜的刺激充满兴趣,并且会通过各种方式反复地练习、试验,直到弄明白这一切是怎么回事。

对父母来说,最能体现宝宝这种认知方式的场景是,学会抓握后,宝宝特别喜欢把手里的玩具、勺子、食物等丢出去,丝毫不在乎父母的禁令。这可不是宝宝有什么坏心思,他们只是沉浸自己的试验中而已。这个阶段宝宝的思考方式就是通过直接的感知完成的,不管是玩具,还是食物,都会成为他们的试验道具,他们弄明白其功能和作用的方式,就是换着花样敲一敲、扔一扔、尝一尝。

大约18个月龄,宝宝才能逐渐获得在大脑中"思考"的能力。

这两种不同的认知方式,也会影响宝宝对游戏的偏好。

处在感知运动阶段时,婴儿更多进行功能性游戏(functional play,有目标或无目标的简单、重复动作类游戏,在出生头两年尤其普遍)。大约18个月时,他们开始参与假装游戏(make-believe play),一种扮演日常或需要想象参与的游戏。

基于宝宝的认知规律,4～18月龄最重要的就是,在保证安全的前提下,让宝宝多参与可以和现实环境互动的游戏和活动,不必过早让宝宝尝试认读、识字、数数等不符合宝宝认知规律的早教活动。如果试图用他们还没有准备好接受的刺激去启蒙,会让孩子陷入慢性压力,造成他们的退缩,继而影响孩子的兴趣和潜力。

4~18月龄宝宝的心理冲突

除了获得各种技能，达成自己的各种"第一次"外，在这个月龄段，宝宝还会通过和父母或其他亲密照料者的依恋关系，建立起对外部世界的基本认知，而对世界的认知是否积极，会严重影响宝宝探索新事物、学习新技能的自信和积极性。

依据德裔美国学者埃里克森的心理社会理论，宝宝的第一年需要解决一个非常重要的心理冲突：对预期世界的信任与不信任。在这个月龄阶段，宝宝大部分的需求是无法自我满足的，他们的语言能力也很有限，除了哭闹外，几乎无法清晰表达自己的需求和感受，如果父母无法敏锐地察觉并满足他们的需要，他们就不得不长期处在不舒适的状态。

当父母照顾充分，宝宝的需求可以及时得到满足时，宝宝就能和周围世界建立一条充满爱的纽带，他们会预期自己所处的世界是善意的、值得信任的。受到这种安全感的保护，他们会更自信地探索周围的世界，不惧怕失败。

如果在第一年的成长过程中，宝宝的各种需求是无法被及时满足的，他们就会在这种忽视中感到无助甚至绝望。有这样情感体验的婴儿，会倾向于无法依赖他人的善意和同情，他们更容易在探索新环境、新事物的活动中退缩，以此来保护自己。这种影响就像一道浅浅的划痕，并不会随着宝宝的成长而消失，反而会长远地影响孩子的探索欲望、独立感以及人际关系的扩展。

在生命早期，父母平和而稳定的关注和爱，就像在宝宝的生命深处构建一个安全岛，未来无论他走多远，生命的能量都会从这里源源不断地流淌出来，滋养着他。有这样的安全感作为支持，早教才有意义。

4

你的 4 月龄宝宝
4 months

4 months
你的 4 月龄宝宝

宝宝满 4 个月时，已经能辨认出熟悉的面孔和地点，他们喜欢和人互动，经常大笑，爸爸妈妈们也开始慢慢体会到养育孩子带来的乐趣。

现在，宝宝已经能很好地控制自己的头部和颈部，父母抱起宝宝时不用托住颈部，因为宝宝的头能稳稳立住了。上半身有了足够的支撑力后，父母可以用靠垫帮宝宝慢慢坐起，这会让宝宝看到更多东西。

在这个月龄，宝宝已经能灵活地运用四肢，他能把拳头或其他感兴趣的东西放进嘴里吮吸，有的宝宝甚至会利用腿部力量翻身。

在这个月龄，宝宝的视力发育会有重大进步：可视范围增加到几米，还能分清红、黄、蓝等颜色的差别，虽然黑白色依然是他的最爱。等到宝宝长到 6～8 月龄会更容易看到眼前的物体，立体视觉也开始发育。

在这个月龄，部分宝宝还会萌生第一颗乳牙。如果宝宝烦躁爱哭、口水变多，很可能是长牙引起的。

4 个月大的宝宝离说话还早，但他开始观察大人讲话时的嘴型和表情，关注他们发出的音节，多和宝宝说话，非常有益于宝宝的语言发育哦。

[4月龄宝宝重点发育技能]

翻身

翻身，对宝宝的成长来说，意义重大。

在翻身前，除了被抱着，宝宝几乎都是仰视，学会翻身后，宝宝就可以主动拥有360度视野来观察世界了，他还可以连续翻滚移动自己，这样就能够到更多的玩具和物品，与外界的互动也会增强。

趴和翻身都能训练宝宝的肌肉控制力和身体各部分的平衡能力，为之后的坐起、爬行打下基础。

3～4个月时，宝宝仰躺时会做一些扭腰、抬腿、交叉双腿的动作，这些是翻身的前期动作。

4～5个月时，大多数宝宝就学会慢慢翻身了。

6～7个月时，不管是仰卧翻身还是俯卧翻身，甚至来回翻身，宝宝都能做到。

7个月时，如果宝宝不会翻身，也不会坐、不会爬，需要去医院咨询医生。

父母无法预测宝宝什么时候学会翻身，所以把宝宝放在任何平面上时都要特别小心。

对宝宝来说，翻身是他第一次挑战这么高难度的动作，他需要时间来练习。有的宝宝不光白天翻，夜里也在练习，所以宝宝又开始频繁夜醒了。

一般来说，宝宝3～7个月开始翻身，都是正常的。如果宝宝翻身进展有点慢，可能是因为宝宝体重超标，穿得太多，或者是因为躺得多、抱得多、趴得少，很少有机会进行身体活动，他就会变得不爱活动。

[4 月龄
宝宝的能力发展自测]

应该掌握的技能
（大多数宝宝能做到）

- 趴着时，头能向上抬 45° 自由转动
- 快乐时，大声笑出来
- 头部能跟随前方约 15 厘米处的物体转动 180°
- 把脸转向声源，对不同的声音表示不安 / 喜悦 / 厌恶

正在发展中的技能
（一半宝宝能做到）

- 直立时，保持头部平稳
- 趴着时，能依靠双臂支撑胸部并抬头
- 伸手去够引逗他的玩具，比如拨浪鼓等
- 双腿可以承受一点重量，扶腋时可站立片刻
- 发出"啊—咕"之类的元音辅音结合的词组
- 朝一个方向翻身

高级的技能
（只有少数宝宝能做到）

- 玩躲猫猫游戏
- 拒绝别人把玩具拿走
- 不需要支撑地坐着

* 能力发展自测使用说明：我们根据丹佛发育筛查测验以及临床语言和听力里程量表，在 4～18 月龄段内分月龄制作了"宝宝能力发展自测"表。其中，宝宝应该掌握的技能为 75% 的宝宝获取该技能的月龄段，正在发育中的技能为 50% 宝宝获取该技能的月龄段，高级技能为 25% 的宝宝获取技能的月龄段。自测表仅作为发育里程碑参考，如果对宝宝的发育状况有疑问，请及时咨询儿童保健科医生。

**4 月龄
家庭早教游戏**

我会翻身了

● **游戏目的：**

培养身体协调能力
大运动能力

● **游戏玩法：**

1. 让宝宝平躺在垫子上，家长拿着一个色彩鲜艳或者能发出声音的玩具吸引宝宝的注意力，然后慢慢把玩具移动到宝宝身体一侧。

2. 在宝宝试图要去抓握玩具的时候，家长也可以帮助宝宝把他的一条腿放在另一条腿的上面，在他的背后轻轻地推一下他，让他学会翻身。

3. 多给宝宝练习的机会，让他学习独自翻身。

● **技能贴士：**

宝宝3~4个月的时候，头部、胸部、四肢还没发育成熟，要将身体翻转过来，并不容易。爸爸妈妈在平时的观察中，要捕捉到一些宝宝能力发展的信号，比如：

宝宝趴着时能自如地抬头，表示他们的颈背部开始有力量了。

宝宝喜欢侧向一边，表示他们萌生了翻身意识。宝宝喜欢把双脚跷得高高的，表示他们的腹部和腿部力量够了，这些都是他们开始学翻身的信号。

这时，如果家长能及时且耐心地助宝宝一臂之力，就能帮助宝宝很好地学会翻身，给他的成长带来更多的乐趣。

**4月龄
家庭早教游戏**

熟悉的面孔

● **游戏目的：**

培养语言能力
视觉分辨能力
促进情绪与社会化发育

● **游戏玩法：**

1. 选择一个宝宝心情愉悦的时间段，将宝宝抱起或者躺在床上，注视着宝宝的眼睛，并温柔地叫出宝宝的名字。

2. 对着宝宝做一些夸张的面部表情，比如咧嘴笑、张大嘴、伸舌头，有可能宝宝会给你一个大的惊喜——模仿你的表情。即使是很小的宝宝有时也会模仿大人的表情，也有可能宝宝会用手去摸你的脸。

3. 可以让家里的成员，比如爸爸、妈妈、哥哥、姐姐轮流和宝宝来玩这个游戏，这会让宝宝更开心。

● **技能贴士：**

　　3个月以后，小宝宝就会对人的面部表情非常感兴趣，宝宝已经可以辨认出自己的家人和陌生人了。家长的面孔和声音不仅能吸引宝宝的注意力，温柔而充满爱意的注视能够让亲子间的关系更为亲密，还能让宝宝更有安全感。

　　你也可以通过这个游戏增强他与哥哥、姐姐以及其他亲属之间的情感纽带。这也会扩大宝宝的安全网络，随着宝宝与其他人慢慢熟悉，当他们抚摸他、抱他甚至照顾他时，能够减轻他的不安。

　　当宝宝的哥哥、姐姐冲他做鬼脸或者递给他玩具时，引导他观察哥哥、姐姐的反应，然后看看他是如何通过观察、微笑和摆动身体来传递信息的。当小家伙们彼此回应时，他们之间的情感纽带就增强了。

4 月龄
家庭早教游戏

躲猫猫

● **游戏目的：**

认知物体恒存
为社交发育做准备

● **游戏玩法：**

1. 将一个小毯子或毛巾挡在脸前，同时问宝宝："妈妈在哪里？妈妈哪儿去了？"然后重新露出脸。

2. 你也可以准备一个大盒子，把宝宝放在盒子里，然后用盖子遮住宝宝的眼睛，过一会儿再移开盖子，出现在宝宝面前。

道具准备：
小毯子或毛巾，大盒子

● **技能贴士：**

躲猫猫的游戏永远是宝宝的最爱。4 个月左右，宝宝开始发展对物体恒存的认知——即使物体暂时离开他的视线，仍然存在。藏猫猫游戏是家长带着小宝宝探索这一概念的最好方式。

在小婴儿的思维里，某个物体一旦从视线中消失，那就代表着它彻底不存在了。随着年龄增长，宝宝看着你一次次出现、消失，他会渐渐知道即使你暂时不见了，你仍然存在。

这一能力的掌握，即保存心理意象的能力，是宝宝发展语言能力的前提。等宝宝长大些，他就可以自己将毯子盖到脸上，这时你会看到他高兴得手舞足蹈、尖叫个不停，因为他现在已经能够理解这种现象并运用自如了。

4月龄
家庭早教游戏

有趣的书

● **游戏目的：**

促进视觉、听觉、触觉发育

● **游戏玩法：**

1. 让宝宝依偎在你的臂弯里，一起翻开质地柔软、色彩亮丽的布书，并给他讲述图画中的故事。

2. 也可以让宝宝趴在柔软的地垫上，在宝宝的面前放上宝宝喜欢的布书，让他去摸、抓，感受书的质地和色彩。

● **技能贴士：**

当你给宝宝读书的时候，他会因为看到色彩鲜艳、生动的图片，听到你温柔的声音而开心。每当你讲故事或读书给宝宝听时，其实是帮助他提高语言能力，熟悉新词汇。当宝宝集中注意力听故事时，他的倾听能力自然而然也得到了锻炼。

宝宝的第一本书（在他出生后1个月左右的时候）应该是质地柔软、没有文字的布制图书，上面有简单的图画，有鲜艳的色彩，最好摸上去有些凹凸感。你还可以给宝宝买一点纸板书、洞洞书，指着书上的图案，告诉宝宝它们的名称，宝宝需要反复观看图片，多次听到某个物体的名

道具准备：
布书或纸板书、洞洞书

称才能认识它。

在亲子阅读时间之外，还应该放手让宝宝自由探索，去抠、去啃。当宝宝一周岁的时候，他就可以自己翻书了。

**4 月龄
家庭早教游戏**

声音从哪里来

● **游戏目的：**

促进视觉、听觉等发育

● **游戏玩法：**

1. 家长抱着宝宝，敲击木琴、晃动摇铃、拍打小鼓，发出声音，观察宝宝的反应。

2. 也可以让一位家长抱着宝宝，另一位家长在宝宝身后，用乐器发出声音，观察宝宝是否会寻找声音。

3. 把这些乐器放在宝宝够得到的地方，让宝宝使用小手自由探索。

技能贴士：

宝宝对声音感兴趣，但定位声源的能力并不是与生俱来的，倾听并寻找你的声音可以帮助宝宝发展视觉追踪能力和听觉定位能力。

聆听物体发出来的不同的声音可以提高宝宝的听觉能力，而直视物体可以让宝宝的视觉分辨能力更加敏锐，同时还能帮助他集中注意力。几个月后，当宝宝有能力拨弄物体时，这个游戏还可以促进他的大运动和精细动作能力的发育。

道具准备：
木琴、摇铃、小鼓等乐器

家庭早教小锦囊 03

模仿的重要性

模仿是日常中十分常见的一种行为，从面部表情到肢体动作，从需求的表达到语言的习得，人类大多数能力的获得都需要模仿的参与。但爸爸妈妈知道吗？刚出生的宝宝，虽然看起来什么都不懂，其实已经具备通过复制别人的行为来学习的原始能力！而且由于婴幼儿语言能力的匮乏，模仿在其认知发展中更为重要。

2天至几个星期大的婴儿就可以模仿成人的面部表情，做出吐舌、张嘴等动作。多么神奇，一个可能都没有照过镜子也从未了解过五官的婴幼儿，可以通过别人的表情变化定位到自己的五官，并进行模仿。这归功于大脑皮层中的"镜像神经元"，它被认为可能是模仿学习的基础，也是共情能力、社会交往的神经机制。人类拥有非常精细的镜像神经元系统，使我们能够在观察他人的行为后，激活自己大脑中负责编码和执行这些行为的区域，进行模仿并完成动作的输出，进而理解他人的行为和语言。

有研究者认为新生儿的模仿是一种灵活、主动的自发能力，也有人认为镜像神经元需要一段长时间的发育，婴幼儿的模仿能力在最初两年进步很大。尽管这些观点仍有争议，但对宝宝来说，无论刚出生时模仿能力多么有限，它都是一种有效的学习手段。而且从大脑的可塑性角度出发，后天的学习经验在很大程度上塑造着镜像神经元系统的激活程度。宝宝通过模仿他的所感所见所闻，能掌握各种重要技能。在模仿的过程中，他们会注意到自己和他人的身体运动的相似之处，并通过匹配行为状态来了解别人，开始探索自己的社交世界。

父母是宝宝第一个也是最重要的模仿对象，记得时常朝宝宝微笑或做一些面部动作，鼓励他跟着模仿，这会是一个很有趣的互动，能够帮助你们加强情感联结，建立良好的亲子关系，也为宝宝今后习得更多能力打下基础。

04 家庭早教小锦囊

好的家庭环境到底是什么

有娃以后你一定听过"要给孩子一个好的环境"这句话，但好的环境究竟是什么呢？国际上比较通用的家庭环境评估是心理学家 Caldwell 和 Bradley1994 年创建的一套能有效影响孩子认知发展的家庭因素，它们包括：

☐ **父母的情绪和语言响应**：父母经常爱抚或亲吻孩子，自发地对孩子说话。

☐ **父母对孩子的肯定**：父母较少干涉或限制孩子的行动。

☐ **提供合适的场地**：孩子有玩耍的空间，且安全无危险。

☐ **提供合适的游戏材料**：父母能为孩子提供玩具或有趣的活动。

☐ **父母和孩子的有效互动**：父母是否倾向于保持孩子在视线内，并且经常看孩子。

☐ **日常丰富的刺激**：孩子每天至少可以跟父亲或母亲一起吃一顿饭，孩子经常有外出的机会，比如跟父母一起去超市买东西等。

宝宝的智力发展，是遗传和环境影响的复杂混合。在家庭环境的因素里面，最重要的因素是父母跟婴儿的交谈程度，它强烈影响着孩子的语言能力发展，而语言能力发展又是预测智力和小学阶段学业的重要因素。所以，每天多跟宝宝说话，多交谈你们共同参与或关注的事物，可以说是最划算的教育投资了。

你的 5 月龄宝宝
5 months

5 months
你的 5 月龄宝宝

5 个月时，宝宝就可以开始练习坐的技能了：轻轻拉住宝宝的手腕，他就会弯曲胳膊，头向前伸，协助你更容易把他拉坐起来。坐起后，如果没有足够的支撑，他的小脑袋和身体还是会前倾，这是正常现象。

坐起来和躺着看到的世界完全不一样，宝宝的探索欲会变得格外旺盛。他们想做的事情很多，却不具备足够的能力和体力，受到拦阻或遭受挫败后，往往会大哭。这时，给他一个喜欢的玩具转移注意力，他就能很快安静下来，这是很多父母屡试不爽的哄娃好办法。

前几个月，宝宝的视力发育很快，这时的宝宝会注意到很多细小的事物，比如很小的球、玩具娃娃的眼睛，甚至妈妈的耳钉。这提醒父母，可以给宝宝有精致细节的玩具了。

随着视力和手部肌肉的发育，宝宝的手眼协调能力更好了，不仅能准确抓起感兴趣的物品，还会精准地把它们送进嘴里。为了安全，宝宝玩细小的玩具时，父母要在一旁陪伴，避免误吞。

5月龄宝宝重点发育技能

触摸

在宝宝3个月左右，他会发现，自己的手是身体的一部分，并且它还是"触手可及"的东西。这个时候他会很喜欢用自己的手，拍打、挥舞等动作开始出现，不过他还没有什么方向感，很难"击中"目标。

4月龄左右，双眼的视力发育让宝宝的"方向感"好了一点，他能够做出双手搂抱的动作：当你在宝宝面前放一个他感兴趣的玩具时，他会伸出两只小手，试图去"抱住"。此时，如果你仔细观察想要抱住玩具的宝宝时，会发现，他的眼睛一直跟随着手的动作，仿佛在说：来，我们一起抓住它！

学会两手一起去抓同一个东西以后，宝宝的触摸动作更有方向性了，比如宝宝学会在自己面前玩手了，这是宝宝学会触摸的一个里程碑。

大约在5个月时，随着手眼协调能力的发展，宝宝的触摸动作会有一个显著的进步，他学会伸出一只手够东西了。你可以看到宝宝能够准确地抓住玩具，拿到眼前研究，慢慢地他还会学会把玩具从一只手换到另一只手上，或是把玩具塞进嘴里"尝一尝"。

为了锻炼宝宝的手部动作，可以给宝宝一些可以挤压或者会发出声音的玩具，也可以给他一些可以握住且方便练习换手动作的玩具，比如圆环、曼哈顿球等。

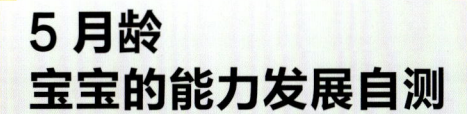

5月龄
宝宝的能力发展自测

应该掌握的技能
（大多数宝宝能做到）

· 会自发把双手抱到一起玩
· 看到食物会兴奋，表现出高兴想吃
· 伸手去够眼前的物品，大拇指参与握物
· 俯卧时，头能向上抬差不多90°
· 翻身

正在发展中的技能
（一半宝宝能做到）

· 被轻拉手腕，能自主坐起，头不会后仰
· 看到镜子中的影像有表情变化或肢体动作
· 趴着的时候，用手臂做出"划水"的动作

高级的技能
（只有少数宝宝能做到）

· 寻找掉落的小物品
· 跟宝宝对话时，他会发出像说话般的声音
· 找到大人当面故意藏起来的东西
· 将积木或玩具，从一只手换到另一只手上

**5 月龄
家庭早教游戏**

照镜子

● **游戏目的：**

刺激视觉激发
锻炼上半身肌肉力量

● **游戏玩法：**

1. 准备一面不易碎的塑料或树脂镜，放到离宝宝大约 20 厘米的地方；

2. 观察宝宝看镜像的反应，大部分宝宝应该会表现出兴奋或好奇。

● **技能贴士：**

对这个阶段的宝宝来说，镜子是快乐之源。因为镜中的映像，是根据对照物不断变化的，尤其是当对照物是宝宝自己的时候，自己动一下，镜子里的映像动一下，既有助于宝宝理解因果关系，也会增加宝宝趴着时的乐趣，让宝宝在不知不觉中，就锻炼了上半身肌肉力量。

道具准备：
塑料镜或树脂镜

5月龄
家庭早教游戏

小球去哪里

● **游戏目的:**

刺激视觉发育
锻炼追视能力

● **游戏玩法:**

1. 把糖果枕或卷起来的毛巾放在宝宝腋下,让宝宝能够稳当地趴着;

2. 把一个色彩鲜艳、体积略小的球放在宝宝面前,吸引他的注意力;

3. 等宝宝发现小球后,在他面前慢慢滚动小球;

4. 观察宝宝是不是能够跟着小球的移动轨迹,追视小球。

● **技能贴士:**

这个阶段的宝宝视觉有了进一步的发展,对远近有了感知,还能看清更小的东西了。这时,他会对体积小、会动的玩具感兴趣。刚开始玩这个游戏,家长滚动小球的速度可以慢一点,同时,用语言引导宝宝追视,让宝宝更快明白游戏规则。

道具准备:
糖果枕或毛巾,小球

**5月龄
家庭早教游戏**

摇铃铛铛铛

● **游戏目的：**

帮助认知因果关系

● **游戏玩法：**

1. 摇动摇铃发出声响，吸引宝宝；

2. 建议多准备一些这类物品，一次只拿出一个，当宝宝对这一个没有兴趣了，再换下一个。

● **技能贴士：**

晃动一个物体，它就会发出声音，当宝宝发现是自己的行动引发了这样有趣的反应后，他会非常乐于继续尝试。同时这样的尝试，也有助于宝宝理解"摇一摇—发声"之间简单的因果联结。

道具准备：
摇铃或任何能发声的安全物体

**5月龄
家庭早教游戏**

玩具藏猫猫

● **游戏目的：**

认知物体恒存

● **游戏玩法：**

1. 准备一块不透明的布或盒子等遮挡物和一个宝宝喜欢的玩具；

2. 当着宝宝的面，用这个遮挡物藏起玩具，观察宝宝是否能主动来找玩具。

● **技能贴士：**

宝宝4、5个月的时候，开始对环境有一种稳定感，在此之前他们会认为，看不见就等于不存在，不管是玩具还是家人。这时开始，宝宝会慢慢建立物体恒存感，当你藏起玩具，他们知道它还在，会去主动寻找。渐渐地，宝宝开始能理解看不见不等于不存在了，这非常有助于他们建立安全感，而安全感是宝宝各种能力发展的基础。

道具准备：
不透明的遮挡物

**5 月龄
家庭早教游戏**

自己拿玩具

- **游戏目的：**

  锻炼手眼协调能力

- **游戏玩法：**

  1. 抱着宝宝让他的手能放到桌子上；

  2. 把一个玩具放到距离宝宝手掌一侧大约 2.5 厘米的地方；

  3. 鼓励宝宝自己伸出一只手去取玩具。

- **技能贴士：**

  能够伸出一只手够东西，是宝宝这个阶段非常显著的动作进步。因此，从本月龄开始，如果玩具就掉落在宝宝手边，鼓励他自己捡起来会比你帮他更好。让宝宝有机会自己捡玩具，可以训练宝宝的手眼协调能力，精细运动技能。

家庭早教小锦囊 05

训练手眼协调能力的好时机

婴儿一出生就有了视觉，只是那时候还不敏感，并不具备生活所需的所有视觉能力。出生之后，他们的视觉还会继续发育，需要一段时间用眼睛学习关注、准确地看，并学习双眼协调，才能掌握这项技能。

视觉的适宜刺激是光线，光线经过眼球到达视网膜，通过视神经将信号传送到大脑，大脑再经过复杂的处理，形成了对外界的视感知。我们的视觉，除了视力，还包括色觉、双眼运动和双眼视功能（立体视觉）等的发育。只有形成良好的双眼视觉，宝宝才能正确判断他自身与外界物体之间的关系，确定物体的距离、深度和凹凸等立体感，为将来的学习和生活打下基础。

出生后 4～7 个月，宝宝视觉功能逐渐发育，开始能分清红、黄、蓝等颜色的差异，目光也开始可以高度集中。这个阶段的宝宝，喜欢观察运动中的物体，身边会动的东西都会引发他们的兴趣。从喜欢看比较大的会动的物体，到比较小的东西，再到向感兴趣的东西伸手，都说明宝宝的视觉能力在不断发展。

宝宝的小手是他去探索世界的最佳帮手，他通过手的抓、握、捏、抠等动作，不断感知周围的世界，加深对外部世界的认知，并在这个探索中迸发出智慧的火花。但是这个过程离不开视觉的帮助，眼睛为宝宝的体格、智能和情感发展提供着重要的信息。就拿玩摇铃来说，宝宝用手摇晃摇铃，眼睛看到它在动，听到了铃声，也明白了正是因为自己晃动摇铃，它才发出声音，这一系列的动作过程，帮助了宝宝学会协调视觉、听觉和动作，都是能促进宝宝神经元网络建立的日常经验。

另外，多带宝宝去户外，利于宝宝发展深度视知觉；多在家里玩球、小汽车等，也会帮助宝宝追视能力的发展，提升宝宝的手眼协调能力。

06 家庭早教小锦囊

用嘴巴认识万物

很多宝宝会在这个阶段开始长牙，宝宝长牙的时间基本由基因决定，因此出牙晚并不代表宝宝发育出了什么问题。

这时，宝宝开始喜欢用嘴巴来完成认知。嘴巴里布满了神经末梢和味蕾，它带给宝宝的感受和刺激非常奇妙。从喜欢啃自己的脚趾，到去咬能抓起来的一切东西，宝宝通过口腔的探索，发展了不少技能，比如手眼协调能力、舌头的运动能力等，这些是宝宝今后能好好吃饭、清楚说话的基础技能。

高度敏感的口腔区域，带给宝宝很多感官刺激，它能很好地促进宝宝大脑发育。这个阶段，很多宝宝喜欢抱脚大啃，家长不必过分拦阻。通过这个自发运动，宝宝能感知自己的腿和脚，也能渐渐学会自主控制并运用自己的身体。

这时，给宝宝准备一些材质安全的牙胶、可啃咬的玩具等十分有必要，它们既能满足口腔刺激的需要，也能缓解宝宝的出牙不适。

宝宝会趴、坐后，能趴着看的、轻便好抓握的纸板书、布书等，可以安排起来了。

这个阶段的书，大多都有丰富的触摸材质，有的还会发声，比起一般的玩具，多了认知功能，是高质量陪娃的好工具。

不过，这个阶段不用买太多书，宝宝现在热衷于重复，他会在重复中，渐渐把语音和所指的事物对应起来。对宝宝来说，重复就是反复练习的过程，日积月累后，你会惊喜地发现，宝宝已经能够在你的引导下，指认出某个物品了。

6

你的 6 月龄宝宝
6 months

6 months
你的 6 月龄宝宝

  6 个月的宝宝，会给整个家庭带来很多欢声笑语。他不再像前几个月那样爱睡觉，醒来玩耍的时间越来越多，嘴里经常咕噜咕噜地"说"个不停。这时，多和宝宝说各种名字（如哥哥、姐姐），以及简单的词汇（如不、杯、再见等），这些接受性语言会激发宝宝的理解力，而理解是智力和语言发育的开始。

  在动作方面，宝宝已经熟练掌握了自己独特的"学习"方式（啃、捏、拍打等）；他们的腿部更有力了，托着他的腋下将他放膝盖上，宝宝就能一蹦一蹦地弹跳。有些 6 个月的宝宝，还能在没有大人帮助的情况下，从趴着转换为坐姿。

  宝宝和父母的互动也更丰富了：你对他笑，他会回应你的笑；你要是突然从他身边离开，他就会哭；和他说话或者叫他的名字，他还会把脸转向声音的方向。宝宝的回应行为表明，他对养育者的依恋在一天天增加。

  本月龄，最好让宝宝养成较为规律的日常生活习惯：进食、小睡、洗澡、晚上的长睡。这不仅能让宝宝更有安全感，也方便父母更好地安排自己的日程。

  活动力变强后，宝宝已经不那么喜欢围栏了，只要天气不太差，就尽量多带宝宝去户外呼吸新鲜空气吧，最好保证每天有 3 小时的户外时间。

6月龄宝宝重点发育技能

坐

宝宝 4 个月大时,如果你轻轻拉着他的双手让他坐起,会发现他可以稳稳地把头抬起。

到 5 个月时,宝宝趴着时能自己抬起上半身了,学坐的时机到了。

大多数宝宝在 6 个月左右,就能在没有支撑的情况下,独坐上几分钟了。

刚开始学习独坐的宝宝会弓着背,把手撑在身体前来保持平衡,让自己不倒下去。

到 8 个月的时候,宝宝坐起时基本不需要外界的支持,可以用手臂撑住自己。

慢慢地,宝宝还会不断尝试探过身子捡玩具,并学会趴下,然后重新坐起。

宝宝学坐时,大人一定要陪在旁边,加以保护。

[6月龄
宝宝的能力发展自测]

应该掌握的技能
（大多数宝宝能做到）

· 扶坐时，头部与躯干保持竖直
· 说类似"啊—咕"的元音辅音组合词组
· 靠双手支撑，能坐稳片刻
· 对各种新奇的声音都很好奇，会定位声源，会和外来的声音互动
· 被向上拉起时，双腿可以承受一些重量并上下弹跳

正在发展中的技能
（一半宝宝能做到）

· 将积木从一只手换到另外一只手上
· 扶着人或物体站着
· 想办法够取不易拿到的玩具
· 寻找掉落的物品
· 自己吃饼干

高级的技能
（只有少数宝宝能做到）

· 被向上拉起，可以从坐姿变成站姿
· 发出 dadamama 的声音
· 从趴着转成坐着

6 月龄
家庭早教游戏

我会换手了

● **游戏目的：**

锻炼控制双手的能力
观察能力
模仿能力

● **游戏玩法：**

1. 家长一只手拿着玩具，慢慢把玩具放到另一只手上，过程可以慢一点，多重复几次，示范给宝宝看。

2. 引导宝宝学习把玩具从一只手换到另一只手上。

● **技能贴士：**

将物品从一只手转移到另一只手，是宝宝手部灵活的表现。

6 个月的宝宝，对双手有了更好的控制能力，他能用整个手掌抓起一个东西，能够有意识地放开某个物体，丢开一个后，再拿起另一个，还会仔细观察手里抓着的物体，把它翻来翻去地看。

这个游戏能帮宝宝更好地控制双手，给宝宝练习的玩具要选择宝宝感兴趣、轻便好拿的。

6 月龄
家庭早教游戏

藏与找

● **游戏目的：**

培养观察能力
　　精细动作能力
认知物体恒存

● **游戏玩法：**

1. 坐在宝宝对面，拿出一件宝宝喜欢的玩具和一块布。先在宝宝面前展示玩具，然后用布把玩具盖住（整个过程操作需要慢一点，演示玩具被遮挡起来的全过程，确认宝宝注意到并看清楚了）。

2. 藏好后，可以对宝宝说："找一找，玩具在哪里？"

3. 引导他自己探索，掀开布找出玩具。这个过程中，家长要耐心观察宝宝的反应，积极回应宝宝的求助，但不要直接帮他找出玩具。

● **技能贴士：**

宝宝会主动掀开遮挡物，找到藏起来的东西，这是宝宝认知能力方面巨大的进步，说明他已经懂得，物体即使看不见了也仍然存在，也就是"物体恒存"。

物体恒存是宝宝建立安全感很重要的一个认知，之前的物体恒存经验在这个月龄中，可以得到很好的实践。

多玩这个游戏，还能锻炼宝宝的精细动作，增强宝宝解决问题能力的自信。

道具准备：
玩具，布

071

6 月龄
家庭早教游戏

小积木跳跳跳

● **游戏目的：**

锻炼抓握能力
　　手眼协调能力
　　视觉追踪能力

● **游戏玩法：**

1. 在宝宝面前摆一块积木，最好摆在地垫或者桌子上。

2. 家长移动积木，像是积木可以走路、跳的样子，展示给宝宝看。

3. 引导宝宝用手去拨弄那块积木，能拨弄到即可。

● **技能贴士：**

　　会用小手拨弄积木，是宝宝精细动作发展良好的一个标志。

　　从能够手眼协调地拨弄到积木，到模仿大人玩积木的样子，孩子的动作和思维能力，都在飞速发展。

道具准备：
积木

**6月龄
家庭早教游戏**

我的百宝箱

游戏目的:

培养空间意识
　　精细动作能力

游戏玩法:

1. 给宝宝准备一个很轻的"百宝箱"(比如软布筐),里面放上不同质地的适合宝宝抓握的小块玩具,保证总量不要太重。

2. 鼓励宝宝自己探索他的百宝箱,并把里面的东西倒出来。

3. "宝宝,我们一起来放进去吧!"倒出来之后,再引导宝宝把东西放进去。

技能贴士:

宝宝能坐以后,把物体从容器里倒出来再装进去,探索不同质地的东西,对宝宝非常有吸引力,他会一遍又一遍地玩个不停。

这个游戏不仅好玩,还能锻炼宝宝的精细动作能力,让宝宝了解"大和小",以及"拿出来""放进去"等与动作有关的基本空间概念,锻炼宝宝的精细动作能力和语言理解能力。

道具准备:
软布筐,小块玩具

**6月龄
家庭早教游戏**

食物真好吃

● **游戏目的：**

锻炼抓握能力
　　手眼协调能力

● **游戏玩法：**

1. 在宝宝的小碗里放上一块大的米饼，引导宝宝自己抓起米饼喂给自己。

2. 把米饼的大小掰成原来的一半，再次让宝宝自己抓起米饼喂给自己。

● **技能贴士：**

　　能给自己喂食物，是宝宝社会能力发展的一个标志。一开始可以给宝宝一整块米饼，随着宝宝越来越熟练，可以不断把米饼掰小放到辅食碗里，让宝宝自己吃。米饼越小，对手的精细动作能力要求越高。

　　用勺子进食，不是宝宝天生就会的，而是在饭桌旁看着爸爸妈妈如何做，然后反复练习学会的。从宝宝开始添加辅食后，尽量让他在三餐的时间，坐在餐椅上，跟全家人一起吃饭。这不仅能很好地训练宝宝的观察能力和社交能力，同时也能增进亲子感情，让宝宝感知到吃饭是一件愉快的事情。

道具准备：
小碗，米饼

6 月龄
家庭早教游戏

小手有力量

● **游戏目的：**

锻炼上肢力量

● **游戏玩法：**

1. 准备一个小鼓，坐在宝宝身边，向他示范怎么拍小鼓；
2. 引导宝宝独立完成拍小鼓的动作。

● **技能贴士：**

宝宝能完成拍的动作，是上肢力量发展得好的标志，而有力的上下肢，是宝宝下一阶段能顺利爬行的条件。在这个游戏中，宝宝发现自己的敲击能让鼓发出响声，这会让他开心地一直拍。

道具准备：
小鼓

075

**6月龄
家庭早教游戏**

小纸球&小纸条

● **游戏目的：**

锻炼精细动作能力
培养解决问题的能力

● **游戏玩法：**

1. 家长先用纸巾团成一个球，再打开，撕纸，演示给宝宝看。

2. 引导宝宝模仿妈妈的动作，宝宝一开始也许不能把纸团成球，但只要会撕纸、揉纸就好。

道具准备：
不同材质和颜色的纸

● **技能贴士：**

这是宝宝们都很喜欢的一个游戏！

撕纸是宝宝手部精细动作和双手协调能力发展良好的表现。

当他们发现通过自己小手的动作可以改变纸的形状并发出撕纸声响时，会乐此不疲，一张完整的纸转眼间就变成了不同大小、不同形状的碎纸屑。

很多家长认为撕纸是一个破坏性行为，担心宝宝会养成破坏东西的习惯。其实不必过分担心，家长可以提供一些废旧的刊物，充分满足他撕纸的愿望。

也可以使用彩纸，培养宝宝对颜色的认知，还可以提供不同材质的纸张，让宝宝体验"撕"的乐趣。不同质地的纸张手感不一样，撕出来的响声也有区别，这些差别会带给宝宝更丰富的体验。

6 月龄
家庭早教游戏

这是我的大长腿

● **游戏目的：**

帮助宝宝感知双腿
训练下肢力量
增强自我意识

● **游戏玩法：**

1. 从腋下抱着宝宝，站在落地的镜子面前，让宝宝的双腿轻轻接触地面。

2. 大部分宝宝能用自己的大腿支撑自己稍微站一下，这时候可以跟着韵律感强的儿歌，带宝宝做类似蹦跳的动作，但宝宝双脚着地的力量一定要轻，而且时间不宜过长。

3. 一边做动作，一边跟宝宝介绍镜子中的宝宝。

● **技能贴士：**

这个游戏可以很好地训练到宝宝的下肢力量，而下肢力量是宝宝爬行的关键。

跟镜子里的自己互动，他看到自己的样子会开心地露出笑容，也许还会轻轻地拍打镜子，这可以引导宝宝发现自我。

道具准备：
落地镜

6月龄
家庭早教游戏

宝宝的小路

● **游戏目的：**

锻炼大运动能力
培养空间意识

● **游戏玩法：**

1. 让宝宝仰卧在干净的地垫上——如果可以的话，再铺一条长毯模拟小路（使用毯子可以让父母更清晰地看到宝宝每次的翻滚距离，没有也没关系）。

2. 让宝宝从毯子的一端开始自主翻身，完成第一个翻身后，接着鼓励宝宝进行第二次、第三次；沿着小路（毯子）往另一端翻滚。

3. 如果宝宝翻身还不够灵活，可以给宝宝提供一点助力，练习过几次后，宝宝就能够自如地在小路上"翻滚"了，并且翻滚的距离会慢慢变长。

● **技能贴士：**

学会自主仰卧翻身后，宝宝会特别喜欢滚来滚去，调动自己的身体就能改变自己的位置和视野，这让宝宝觉得很有趣。这个游戏不仅能让热衷翻滚的宝宝玩得开心，还能锻炼宝宝全身肌肉的力量，促进体能发展。

要注意的是，千万不要在床上玩这个游戏，这个月龄宝宝的翻滚能力已经比较强了，如果看护不当，会有坠床的危险。

道具准备：
长毯

6月龄 家庭早教游戏

表情游戏

● **游戏目的：**
发展视觉分辨能力
模仿能力
情感认知能力

● **游戏玩法：**

1. 和宝宝面对面，做出开心的表情，并对他说："宝宝，妈妈现在很开心，开心的时候笑一笑，哈哈哈。"观察宝宝的表情有哪些变化，看看他是否会模仿你。

2. 接着做出生气的表情，并告诉他："宝宝，这是生气。"看看宝宝的表情又有哪些变化，是否能够模仿。

● **技能贴士：**

6个月左右的宝宝，已经能够识别他人的面部特征了。通过表情游戏，可以让宝宝对表情的认识更深入。

这个游戏，还可以帮助宝宝学习识别他人各种不同的情绪，为他掌握良好的社交技能奠定初步基础。

随着宝宝月龄的增长，你还可以在游戏中加入"吃惊""害怕""伤心"等表情。

079

07 家庭早教小锦囊

餐桌上的早教——食育时光

餐桌对于家人来说，是非常珍贵的地方，除了可以一起享受食物，更是一家人交流、沟通，情感连接的绝佳平台。对孩子来说，他会在餐桌上从辅食过渡到成人饮食，并不断进阶着认知、语言、精细动作等各方面能力的发育。

所以餐桌也是一个很好的早教场所。

孩子在日复一日练习抓握手指食物、抓握勺子的过程中，锻炼了手部精细动作，增加了掌控感；在吃各种蔬菜水果的交流中，认知食物的形状、颜色、味道，了解常识；更在乱扔食物、玩水玩汤的过程中，探索了下坠、物体恒存、等量等知识。

每一顿饭，都具有教养意义。所以，在吃辅食、吃饭这件事上，有一个幸福的体验，对孩子长期的饮食习惯来说很重要。

刚开始喂辅食，父母经常会不知道该给孩子吃多少。总觉得孩子没吃饱想多喂一口，又或者因为吃饭问题跟其他养育人发生矛盾，这些都可能会让孩子带着压力吃饭，间接影响胃肠道吸收。

父母可以更宽容地看待孩子的吃饭问题，尊重每个孩子的意愿、食量和吃饭节奏。而有几个良好吃饭习惯是我们能帮助孩子建立的：

1. 注重饭前的运动的消耗，让孩子保持饥饿感。饭前一个半小时尽量不给他吃零食。

2. 吃饭时不能离开餐桌。让孩子吃完饭再开始玩食物，或者离开餐桌。

3. 吃饭的时候不能看动画片。千万不要为了能够顺利喂饭就给宝宝放动画片，边吃饭边看视频容易影响他的消化。

4. 不要让孩子边吃边玩。边吃边玩可能会使食物受到污染，也不利于消化吸收。

家庭早教小锦囊 07

5. 让孩子逐渐跟上大人的吃饭节奏，在相对固定的时间内（20～30分钟为宜）让孩子吃完。

除了建立良好的习惯，提升孩子对食物的兴趣也是非常重要的，食育就是一种好的方式。

种植物，看着小苗开花、结果、长大，对它们的生长越来越熟悉，可以让孩子建立跟食物的情感。配合绘本阅读一起，更加深了可感可知。再到亲手剪下收获，做成食物吃掉的那一刻，他们早就迫不及待了。因为了解而喜爱，在吃饭这件事上当然也成立，挑食也是会改变的。

勇敢尝试不同种类的食物，也能激发孩子的兴趣。像我家发糕从6个月开始，就不断挑战着各种看起来不像是小宝宝吃的食物：牛肉、大闸蟹、猪蹄、生蚝、榴梿、小龙虾……越早接触多样的食物，对孩子未来的口味多样性越有帮助。

这些，都是生活中的食育。在日复一日，一蔬一饭中，孩子循着发育的良机，不断成长。

辅食里程碑

4～6月龄

- 开启第一口辅食，从富含铁的泥糊状食物开始
- 记得要单种添加，新种类要观察三天过敏情况
- 从一种到多种从细到粗
- 勇敢尝试，辅食没有特别的添加顺序
- 满6月龄起，必须添加辅食

7月龄

- 稍提升食物的粗糙程度，在泥糊状食物中增加小颗粒食物，增强宝宝的咀嚼能力
- 多尝试各种辅食
- 根据宝宝的胃口增加辅食量，顺应喂养

8月龄

- 尝试手指食物，对手指精细动作有帮助
- 可以2次正餐+2次点心

9月龄

- 从泥状到碎末、小块
- 让宝宝练习自己抓东西吃

10 月龄

- 食量增加,保持奶量
- 一顿辅食可以吃饱
- 可以 3 次正餐 +1 次点心

11 月龄

- 白天进食时间可以跟大人一致
- 逐步向成人饮食过渡

12 月龄

- 练习自主进食
- 给宝宝加零食和点心
- 可以跟大人同食,但还是要清淡
- 1 岁前不必加盐,食物中的钠含量已经足够

13 ~ 24 月龄

- 建立良好吃饭习惯
- 均衡营养,平衡膳食
- 注重奶量,约 500ml

08 家庭早教小锦囊

让宝宝多练习咀嚼，加速语言能力

与吮吸不同，宝宝的咀嚼能力并非与生俱来，需要后天不断地训练才能掌握。

咀嚼不仅是消化食物的第一步，不同硬度、不同形状、不同大小的食物可以训练宝宝的舌头、牙齿以及口腔之间的协调性和灵活性。

很多家长错误地认为宝宝没有出牙就没有咀嚼能力，不给宝宝添加辅食或者辅食过于软烂，有的宝宝到了9、10个月还在吃糊状食物，1岁了还不能跟着大人的吃饭时间一起进餐，吃饭很少用到舌头和口腔肌肉，这些部位锻炼不到，咀嚼能力就欠佳，说话也会受到影响。

宝宝满6个月添加辅食后，家长就可以开始对宝宝进行咀嚼训练。那要如何训练宝宝的咀嚼能力呢？

家长在喂辅食的时候，可以用略微夸张的动作，多给宝宝做示范。在吃辅食的过程中，宝宝是先学会咀嚼的动作，才慢慢具备咀嚼的能力。

根据宝宝的月龄和咀嚼能力，及时添加不同质地、硬度的辅食。比如：孩子到了7~9月龄，泥糊状食物中就可以逐渐添加肉末、水果碎等颗粒状的食物；等到了12月龄，可以给孩子尝试苹果片、黄瓜条等块状食物。

7

你的 7 月龄宝宝

7 months

7 months
你的 7 月龄宝宝

这个月，大多数的宝宝能够不依靠支撑独自坐一会儿了，还能边坐着边两只手拿着玩具互相敲打，甚至还会换手。

7 个月是宝宝学爬的黄金期。有的宝宝用上肢的力量带动身体往前爬，有的宝宝倒着爬，还有的宝宝肚皮贴地往前挪动。要经过一段时间的练习，宝宝才会掌握标准的手膝式爬行。请记住，不要整天把宝宝抱在怀里，在你怀里，宝宝将会错过练习爬行、抓取等各种技巧的机会。

这个月龄的宝宝已经能够分辨父母和陌生人，敏感的婴儿会"认生"，一见到陌生人就会哭，还有的宝宝变得黏人，父母一离开自己的视线就大哭。

其实，这是宝宝成长的信号，他开始进入"分离焦虑"期，这也是宝宝认知发展的必经阶段。1 岁以后，宝宝的"分离焦虑"会有所缓解。

虽然还不能表达，但这个月龄的宝宝已经能够理解许多词汇的意思了，还会根据你的语调和表情来判断什么是不能做的。

他们还能明确地表达自己的意愿，会盯着某个目标伸出小手，对不喜欢的事情会表示拒绝，得不到自己想要的东西会生气。

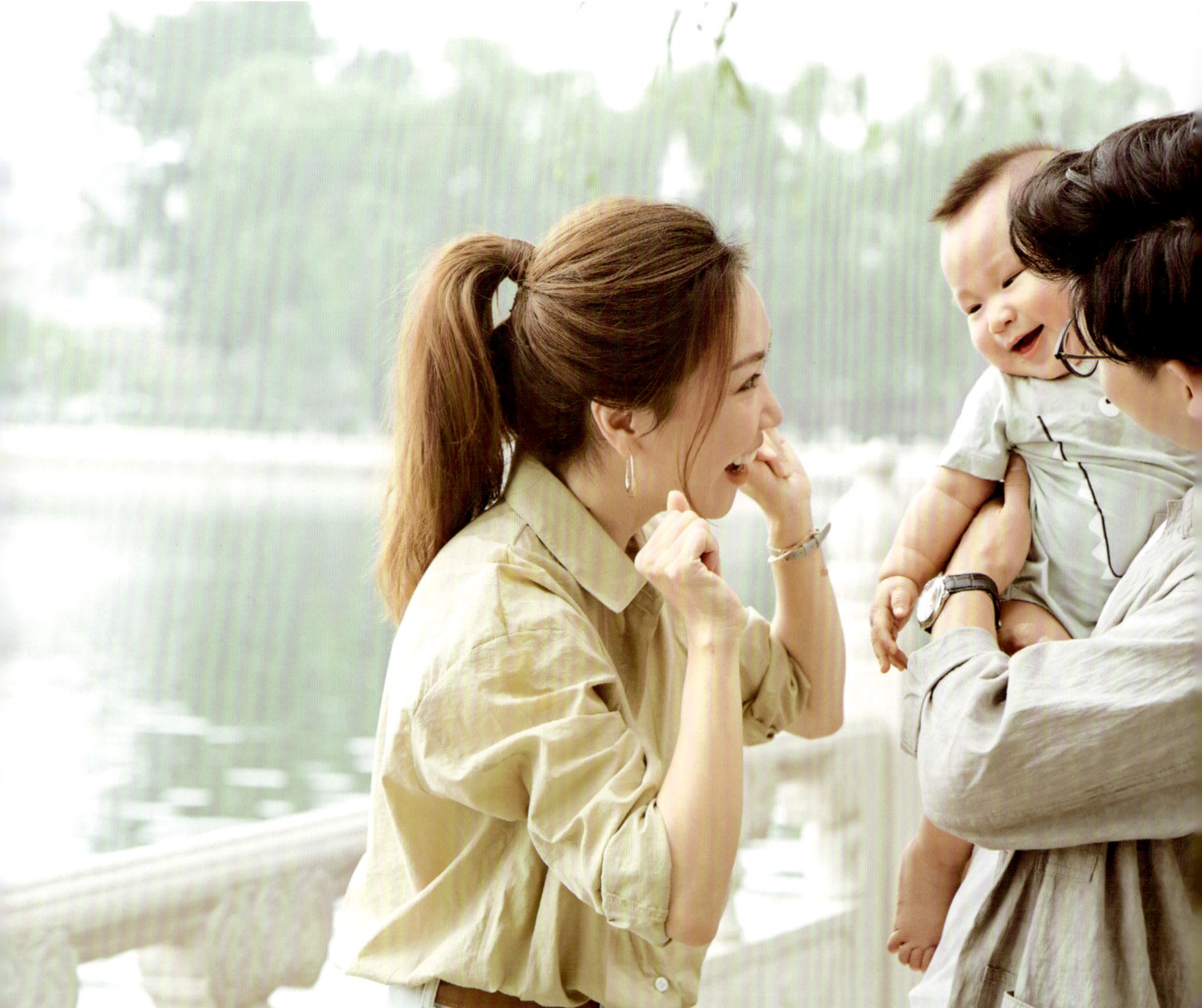

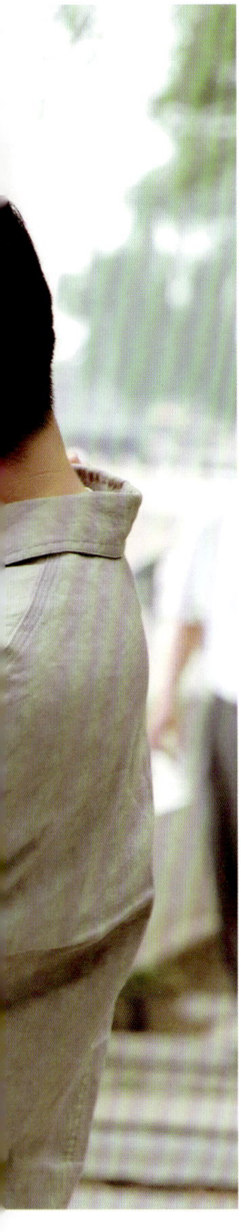

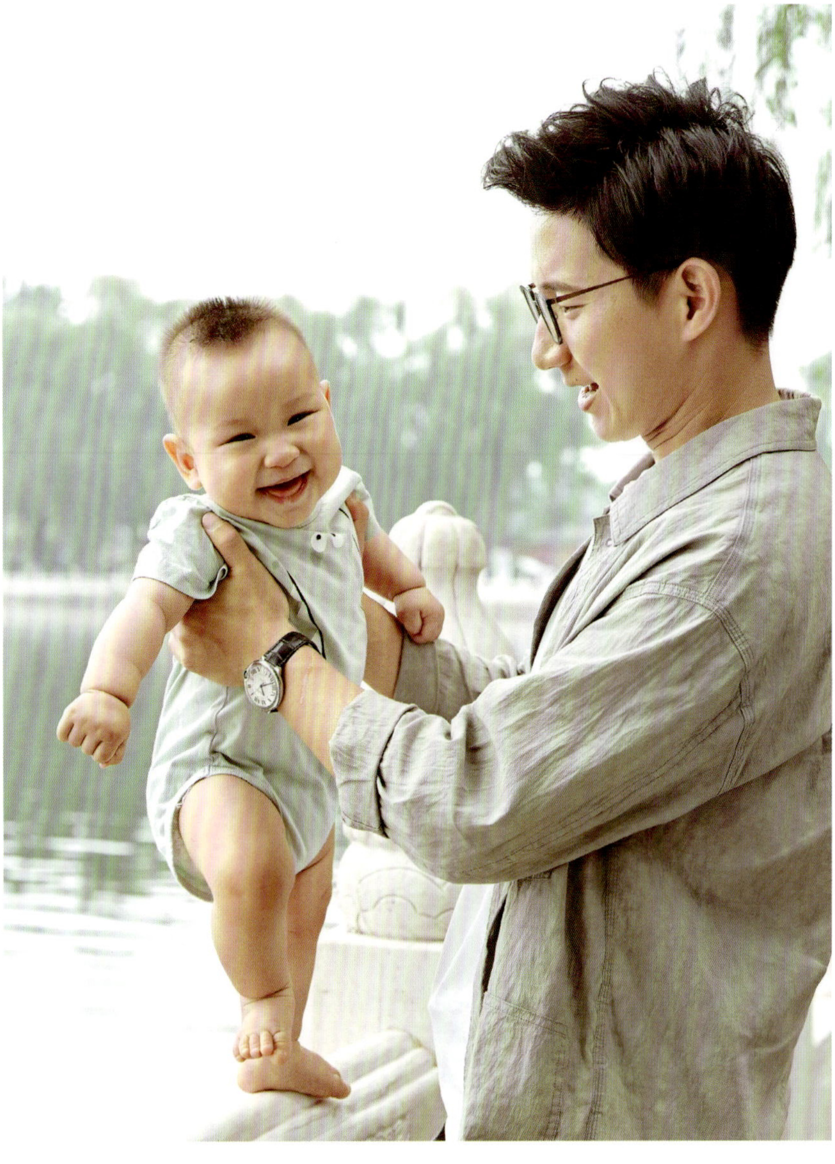

[7月龄宝宝重点发育技能]

[爬]

7个月是宝宝学爬的黄金期，父母要抓紧这个机会让宝宝学爬。

爬行动作能让宝宝得到大量的触觉刺激，让宝宝骨骼更结实、肌肉更强健、身体的协调性更好，为他们日后的站立、走路打下基础。

爬行还对宝宝的视力发展和空间感知能力大有帮助。宝宝爬行的时候，会用两只眼睛盯着一个目标，这就是所谓的"双眼视觉"。他们一会儿看远处，一会儿看自己的双手，这个过程能帮助他建立距离和空间的概念，这也是认知能力上的锻炼。

另外，爬与站两项大运动的发展可能会次序颠倒，也就是说有些宝宝先会站再会爬，因此开始爬的时间比较晚。这种情况，如果家长不放心，可以在体检的时候请医生检查，在生活中多为宝宝创造练习的机会，比如在宝宝趴卧时，在他面前放一个小玩具，逗引他爬过去拿。

很多宝宝在6个月左右会表现出爬的愿望，起初爬得可能并不标准，无法采取手膝式爬行，而是用匍匐前进的方式，甚至倒着爬，这些情况都是正常的，大概到10个月时宝宝就可以手膝合用非常熟练地爬来爬去了。

[7月龄宝宝的能力发展自测]

应该掌握 的技能
（大多数宝宝能做到）

- 连续从仰卧位翻至俯卧位，再翻至仰卧位
- 自己吃饼干
- 坐稳，能双手玩玩具
- 别人叫名字时有反应
- 抓起不止一块积木
- 拒绝别人把玩具拿走
- 会玩躲猫猫游戏

正在发展中 的技能
（一半宝宝能做到）

- 开始爬行
- 把积木等物品从一只手换到另一只手
- 在有人或物体支撑时站起来

高级 的技能
（只有少数宝宝能做到）

- 咿咿呀呀地说话
- 用积木块等物品对敲
- 用拇指和其他手指配合抓起较小的物体
- 扶着东西从坐着的姿势站起来
- 会玩拍手游戏或挥手表示再见

**7月龄
家庭早教游戏**

我抓住你了！

- **游戏目的：**

  训练精细动作
  　　大运动能力
  　　　手眼协调能力

- **游戏玩法：**

1. 往一个空的矿泉水瓶里倒入豆子，装得半满即可，这样里面的东西可以来回移动，发出声音。把瓶子放在离宝宝有一定距离的地垫上，引导宝宝通过爬，去拿到那个矿泉水瓶。

2. 可以增加游戏难度，把矿泉水瓶放在抱枕的后面，让宝宝自己爬过抱枕，去够取矿泉水瓶。

3. 宝宝拿到矿泉水瓶后，鼓励宝宝把矿泉水瓶拿起来摇一摇、听一听、滚一滚。

技能贴士：

　　为了让宝宝爬得更好，可以试着在宝宝能够到的地方放一个可以滚动的瓶子，宝宝为了得到它，或者也想要自己尝试滚动瓶子，会有足够的动力往前爬行。记住，一定要将瓶盖拧紧哦！

　　注意！别把难度设置得过高，如果物品离宝宝过远，宝宝力所不能及，反而会让他产生挫败感。

道具准备：
矿泉水瓶，豆子，抱枕

**7月龄
家庭早教游戏**

小小守门员

● **游戏目的：**

锻炼上肢肌肉力量
手眼协调能力

● **游戏玩法：**

1. 宝宝能不依靠支撑就独坐很久以后，家长可以跟宝宝面对面坐着，相隔约1米的距离。

2. 家长拿一个小球朝宝宝的方向滚去，让宝宝用小手接住它。

● **技能贴士：**

宝宝会独坐以后，就可以解锁很多坐着玩的游戏了。

这个游戏建议最好在厚地垫上玩，宝宝就算坐不稳也相对安全些。一开始，不用要求宝宝回传球，毕竟能用手接住球，宝宝已经很棒了，能回传球一般要等到1岁以后。

道具准备：
小球

093

**7月龄
家庭早教游戏**

你看起来很好吃

- **游戏目的：**

  训练精细动作
  　　手眼协调能力

- **游戏玩法：**

1. 准备一个干净的餐盘，在餐盘里放上宝宝喜欢吃的溶豆或泡芙。
2. 引导宝宝用干净的小手抓取溶豆或者泡芙来吃。

- **技能贴士：**

从抓握到拾取，能用手移动的物体越小，宝宝的手部精细动作发展就越好。也许这个月龄的宝宝还不会用手指拾取，只能用手掌抓握，这是很正常的。

在国家卫生与计划生育委员会发布的《0～6岁儿童发育行为评估量表（WS/T580-2018）》中，经常提到用"小丸"来衡量宝宝的手部精细动作发育，这里我们用手指食物来取代它。因为这个月龄的宝宝，抓到什么都想尝一尝，而手指食物就算吃下去也没关系。

- **道具准备：**

  餐盘，溶豆、泡芙等手指食物

7月龄
家庭早教游戏

积木多多

● **游戏目的：**

训练精细动作
思维能力

● **游戏玩法：**

1. 家长抱着宝宝坐在一张小桌前，向宝宝展示3块颜色不同的积木。可以给这些积木取个名字，比如小红、小黄和小蓝。

2. 先展示一块积木小红给宝宝，让宝宝把它抓握在手里。

3. 当宝宝抓好一块积木后，再展示另一块积木小蓝，观察宝宝会不会主动伸手去抓小蓝，并能将小红保留在手中，呈现两只小手都抓住积木的状态。

4. 当宝宝两只小手都抓着积木的时候，再给宝宝展示第三块积木小黄，观察宝宝的反应，观察宝宝会不会放下手中的一块积木，去抓小黄。

5. 拿掉宝宝手中的一块积木，放在宝宝刚好够得着的地方，观察宝宝会不会伸手去够取。

● **技能贴士：**

7月龄宝宝会换手和伸手够玩具，也是宝宝适应能力良好的表现。宝宝会坐以后，积木是个很好的玩具。1岁前，可以用积木跟宝宝玩很多锻炼宝宝手部精细动作的游戏。

这个游戏，不仅锻炼小手的灵活性，还可以训练宝宝的思维能力，比如解决问题的能力、想象力。宝宝如何解决两只小手拿更多积木和够取远处的积木等问题，是没有标准答案的，通过这个观察，你可以更加理解你的宝宝。

道具准备：
不同颜色的积木

**7月龄
家庭早教游戏**

小脚真好玩

- **游戏目的：**

  建立自我意识

- **游戏玩法：**

  让宝宝仰卧，观察宝宝是否会自己玩脚。

- **技能贴士：**

  随着宝宝身体协调能力的改善，宝宝会开始探索以前没有意识到的身体部分。在这些探索过程中，他会发现很多新奇而有趣的感觉。

  宝宝还开始理解每个身体部分的作用，这是自我意识萌发的标志。家长千万不要认为自我意识对7个月的宝宝不重要。

  认识到自己，认知到自己跟别的物体有区别，是宝宝认识外界客观事物的前提。宝宝玩脚，甚至把脚放进嘴里，家长不用干预，只要把脚洗干净就好了！

**7月龄
家庭早教游戏**

彩虹去哪里了

● **游戏目的：**

发展手眼协调能力
认知物体恒存

● **游戏玩法：**

1. 家长坐在宝宝对面，把一条丝巾和一个纸筒展示给宝宝看，跟宝宝介绍，这是小彩虹，然后把丝巾的一头塞进纸筒。

2. 让丝巾的一角露在纸筒外，问宝宝："小彩虹去哪里啦？"引导宝宝伸手拽出丝巾。

● **技能贴士：**

这个纸筒和丝巾的游戏，是躲猫猫游戏的一种变形。躲猫猫游戏在孩子的成长过程中真是必不可少的，它有非常多元的表现形式，其核心都指向让宝宝理解——看不见了，不等于不存在了。它可以进一步帮助宝宝认知因果关系和物体恒存。

道具准备：
丝巾，纸筒

097

**7月龄
家庭早教游戏**

我要飞得更高

● **游戏目的：**

锻炼上肢力量
平衡能力

● **游戏玩法：**

1. 家长仰卧在地上，身体蜷缩起来，让宝宝趴在你的小腿上，抓稳宝宝的双臂，然后轻轻摇晃或者抬起你的小腿。

2. 你还可以边做动作边唱儿歌，或者对宝宝说："飞机要起飞咯！""宝宝坐好了，飞机要降落了！"宝宝会更开心。

● **技能贴士：**

在这个游戏中，虽然家长会牢牢地托着宝宝，但是这个"飞翔"游戏仍然有助于宝宝背部肌肉的发育，特别是宝宝抬头看的时候。

这个游戏还能锻炼宝宝的平衡能力。宝宝在"起飞""降落"的过程中会感觉到自己的重心发生了变化，能促进内耳前庭的发育。

请记住，一定要抓牢宝宝的小身体，为了安全起见，动作幅度不要太大。

家庭早教小锦囊 **09**

宝宝爬行姿势和别人不一样，需要担心吗

不用太担心哦，宝宝的运动能力各有不同，爬行姿势也会千奇百怪，比如：

1. 向后退：这是最常见的一种"爬"，倒退爬是因为宝宝上臂力量不够，不足以支撑自己向前，他就会推着自己一路倒退，而不是向前。

2. 肚子贴地爬：容易发生在胖乎乎的宝宝身上。虽然宝宝努力挥动着四肢，双臂也能撑着往前，但肚子就是不能离地，只能贴着地面前进。

3. 匍匐前进：宝宝会用单侧的手臂和膝盖来移动自己，就好像趴在地上匍匐前进的战士一样。

4. 翻滚着前进：有的宝宝会用"翻滚"来移动自己，或者一屁股坐在地上然后向前蹭，或是以半坐的状态拖着一条腿向前"边坐边爬"……

总之，并不是只有标准的手膝爬才叫"爬"。家长们不要对这些姿势太过纠结，宝宝究竟选用什么样的方式来移动并不重要，重要的是，宝宝正在努力实现独立运动。

10 家庭早教小锦囊

如何帮宝宝减少"分离焦虑",增加安全感

宝宝的活动能力变强,尤其是学会爬行,有了一定的独立性之后,会意识到父母是可能和自己分开的。

这时,宝宝的表现会很矛盾,既想独立,又变得更加黏人,这其实是分离焦虑的表现。

分离焦虑大概在 7～8 个月开始,12～14 个月之间达到第一个高峰。

以下 6 条建议,可以帮助宝宝减少分离焦虑:

1. 分开时,告诉宝宝实话,不要偷偷溜走。 当你需要把孩子托付给他人照料时,大大方方地向孩子说再见,并且告诉他你回来的时间。

2. 不要把你的焦虑情绪传染给孩子。 如果分开时,父母比孩子还难受,这种焦虑的情绪会让孩子觉得"分别"很可怕。想要让孩子轻松看待分离,家长要先管理好自己的情绪。

3. 当宝宝抗拒陌生人时,要尊重他。 不要强迫宝宝去适应陌生的人和环境,或者给宝宝贴上"胆小""怕生"的标签。

4. 平时多和宝宝玩躲猫猫的游戏。 躲猫猫让孩子感受到,暂时看不到的人还是会再次出现的,有助于缓解宝宝的焦虑。

5. 帮宝宝建立第二依恋对象。 在日常照料中,可以有一个主要照料者,也可以有几个辅助照料者,当你离开时若宝宝与其他熟悉的照料者在一起,宝宝能更好地应对分离焦虑。

6. 给宝宝引入一两件安抚物。 宝宝喜欢的玩具、毯子或者有妈妈味道的睡衣会暂时满足宝宝的情感需求,能帮助宝宝学习自我安抚。

家庭早教小锦囊 11

宝宝为什么总是喜欢把东西扔在地上

不管宝宝手里拿的是玩具还是食物,他最爱做的事情,就是把它们丢出去。不要以为是你的宝宝调皮哦,其实几乎所有的宝宝都喜欢这样做。

宝宝在 4 个月左右,会通过某个偶然的机会无意中理解"因果关系"这个重要的概念,这是宝宝认知发展的一个重要里程碑。宝宝一旦明白自己可以引发这些有趣的反应,就会继续尝试其他可以引发反应的方法。

在宝宝学会坐以后,特别是坐在餐椅上时,当他某一次无意识地把东西扔在地上,他会发现,他的这一行为会引发一连串的反应,包括父母的复杂表情(吃惊、生气、无奈……)和重新捡起来的动作,以及物体消失后重新出现。

接下来,宝宝会开始故意扔东西,就是为了看大人帮他捡起来,反复体验这个奇妙的过程。

虽然这种行为对家长来说很烦人,但这是宝宝学习因果关系和自己影响环境能力的重要方式。

父母应该耐心对待这个阶段的宝宝,不要急着制止宝宝的探索,为宝宝提供这些试验所需的物体,鼓励他加深对"因果关系"认知的各种试验,这就是很好的早教。

你的 8 月龄宝宝

8 months

你的 8 月龄宝宝

8 months

这个月龄的宝宝，可能已经长出了 2～4 颗牙齿。

随着躯干的肌肉变得更有力，他们能够稳稳地坐上一小会儿了，还会探过身子去捡玩具。他们还忙着练习新掌握的技能——爬。爬得越来越熟练后，有的宝宝会扶着大人的手或小床的围栏站起来。宝宝活动能力增强后，父母要更加注意，以免发生危险。

这个月龄的宝宝，小手也越来越灵活，但是大多数宝宝还无法使用拇指和食指夹住物品。家长可以给宝宝准备一些手指食物，让宝宝练习协调各个手指来夹住东西，把食物放进嘴巴，这是宝宝独立就餐的第一步。

本月龄，宝宝的语言能力开始显现，他每一天都在努力发展自己的语言能力，有的宝宝已经会叫"爸爸""妈妈"，而且能理解"要""不"等词的含义。现阶段，宝宝依然处在接受性语言发展阶段，他们是通过反复用耳朵倾听父母及其他人说的话，用眼睛观看与所说的话相关的动作，来学习语言的。

语言学专家建议，和宝宝说话时，应该多用父母语——语调夸张、抑扬顿挫、多用短句并重复，这能帮助宝宝集中注意力，让他更快速地学习语言。

8月龄宝宝重点发育技能

扶站

随着腿部力量和上肢力量的增强，已经初步具备爬行能力的宝宝，开始向下一个大运动发展目标发起进攻：站起来。

起初，他在大人的帮助下，才能站上一会儿。不久后，他就会尝试扶着沙发、桌子、围栏等物品，自己站起来。顺利的话，他很快就可以在父母的轻轻支撑下，独立站起来，甚至想要迈开腿走两步。

不过，此时宝宝的腿部力量以及骨骼发育还不足以支撑宝宝长久的站立和走路，所以不要太急着让宝宝学习迈步。

站立对宝宝来说，是非常重要的体验，他的视野会变高，眼里看到的事物会变得很不一样。这样的视觉体验，会让宝宝进一步构建他大脑中世界的样子。

学会扶站后，宝宝小手的活动范围会变大，大人要记得将所有危险的物品放在宝宝接触不到的地方。

8月龄 宝宝的能力发展自测

应该掌握的技能
（大多数宝宝能做到）

· 被轻托着站在腿上时，双腿可以支撑自重
· 用手指扒物体并把它捡起来
· 寻找掉落的物体
· 会玩躲猫猫
· 倾听自己或他人发出的声音，能把声音和声音的内容建立联系，模仿发音

正在发展中的技能
（一半宝宝能做到）

· 自如地爬行
· 在有人或物体支撑时站起来
· 用拇指和食指捡起较小的物体
· 会无意识地说"爸爸"或"妈妈"

高级的技能
（只有少数宝宝能做到）

· 玩拍手游戏或挥手表示再见
· 扶着家具走（较长的距离）
· 不借助外力独自站一会儿
· 拉着东西从坐着的姿势站起来
· 理解"不"的含义（但不会一直遵守）

8月龄家庭早教游戏

宝宝站起来了

● 游戏目的：

锻炼下肢力量

● 游戏玩法：

1. 当宝宝趴着时，鼓励宝宝利用稳定的物品，如床、沙发、椅子等，自己先扶坐。

2. 继续鼓励宝宝用自己的力量改变体位，扶住支撑物自己站起来，扩大视野。

3. 等宝宝扶站顺利后，可以适当增加难度。将家里的凳子排成行，每张凳子相距30厘米，让宝宝扶着凳子学习迈步。

● 技能贴士：

　　宝宝能扶物站立，练习迈步，是学走的第一步。走路是一个循序渐进的过程，千万不要认为早走路会让宝宝拥有任何"优势"，也千万不要使用学步车。8月龄的时候带宝宝多爬，比学步车更能锻炼宝宝的身体平衡能力，也更为安全、健康。扶站的时候，注意不要让宝宝的胸部靠在支撑物上，每次扶站保持5～10秒即可。家长要随时注意保护孩子，避免受伤。

**8月龄
家庭早教游戏**

坐稳啦

● **游戏目的：**

发展运动能力
肌肉能力

● **游戏玩法：**

1. 将宝宝抱到周围无任何物体的厚地垫上。用一个玩具吸引宝宝坐着伸手够，让宝宝的上半身移动。

2. 看宝宝是否能在这样的状态下保持上半身平衡。

● **技能贴士：**

爬和坐是8月龄大运动发展的两大目标，在宝宝爬行和独坐的时候，可以尽量多尝试各种不同的游戏，让宝宝对自己的身体控制能力更加自信。

**8月龄
家庭早教游戏**

小小的食物

● **游戏目的：**

训练精细动作
　　手眼协调能力

● **游戏玩法：**

在宝宝面前摆上餐盘和小块的手指食物，比如星星泡芙或溶豆，引导宝宝用拇指和其他指头，捏取食物。

● **技能贴士：**

"孩子的智慧在手指头上"，从上个月宝宝会用手掌抓取物品过渡到这个月宝宝会用手指抓取，从一开始的拇指和其他指头配合到拇指和食指能对捏，宝宝的手部精细动作一点点进步，就是宝宝智力正常发展的重要标志。

道具准备：
餐盘，小块的手指食物

**8月龄
家庭早教游戏**

我会想办法

● **游戏目的:**

训练手部精细动作

● **游戏玩法:**

1. 宝宝坐稳后,给宝宝展示 2 块适合抓握的积木或是宝宝喜欢的小玩具,等待宝宝左手、右手都握住了玩具。

2. 然后给宝宝展示第三块玩具,看宝宝会做何反应。

● **技能贴士:**

首先,家长要保证连续出示 2 块积木或玩具后,宝宝主动并且能够自己拿到它们,再出示第三块。出示第三块的目的在于引导宝宝思考要怎么办,并观察宝宝的反应,不需要引导宝宝去解决这个问题。宝宝可能会有一些要取第三块积木的表现,但他不一定能够取到,也许还是会紧紧握住前两块积木在手中,这些都没有关系,重点就是宝宝是否有去取第三块积木的表现。

道具准备:
适合抓握的积木或玩具

8 月龄
家庭早教游戏

我会学动作

- **游戏目的：**

   训练手部精细动作
   适应能力

- **游戏玩法：**

1. 家长坐在宝宝对面，给宝宝示范拿起摇铃摇动，然后放下。
2. 宝宝会模仿家长的动作，拿起摇铃摇晃。

道具准备：
摇铃

- **技能贴士：**

   随着宝宝不断长大，神经系统的发育使得婴儿能够自主地控制自己的肌肉，宝宝大脑中，控制头部和上臂肌肉运动的细胞和关节最先发育成熟，宝宝逐渐能够控制并协调肌肉，开始模仿成人的行为。大家千万不要小看婴儿的模仿行为，正是认知系统的不断成熟，使得婴儿可以记住有趣玩具的位置，并想办法协调动作，拿到玩具，做出跟成人一样的动作。

**8月龄
家庭早教游戏**

你不要跑

● 游戏目的：
增强多感官协调能力

● 游戏玩法：
拿一个玩具来吸引宝宝的注意力，当他伸手快取到的时候，把玩具移动到稍远的地方，观察宝宝的反应。

● 技能贴士：
这个游戏看起来简单，但对宝宝来说，却需要调动大脑、视觉、肌肉、动机等多种元素，让它们协调起来，相互支持，宝宝才能追逐远离的玩具，或做出其他反应。对小宝宝来说，多感官的协调会推动他向更高的智力水平发展。

**8月龄
家庭早教游戏**

宝宝的手势

● **游戏目的：**

锻炼沟通能力

● **游戏玩法：**

1. 妈妈给宝宝示范几个固定的手势，比如"要抱"是手向上举高，"没有"是摊开手，"要"是伸出小手，"不要"是摇头。

2. 宝宝会跟随妈妈的手势模仿，对妈妈的手势有反应。

● **技能贴士：**

如果在教宝宝手势前，宝宝已经有了一些自发的动作表示某个固定的意思，要尊重宝宝自己的手势（baby sign），然后再教给宝宝一些日常生活出现频率很高的手势，比如要或者不要、吃饭、要抱等。很多项研究表明，baby sign 能够帮助还不会说话的孩子建立清晰表达的好习惯，甚至还有研究发现，婴儿期使用手语的孩子，在 8 岁时的智商测试中得分更高，语言能力发展得也更好。

注意教宝宝手势的时候，姿势和所指代的意思或者名称要固定，家长要记牢，一旦宝宝形成记忆之后再改，会让宝宝很无措的。

**8月龄
家庭早教游戏**

去爬山

● **游戏目的：**

锻炼上肢力量
　　大运动能力
　　协调能力

● **游戏玩法：**

1. 在地垫上铺上错落的抱枕。

2. 引导宝宝爬上这些不完全平整的表面，注意在旁边保护宝宝。

● **技能贴士：**

　　宝宝需要掌握一定的爬行技术，能够交错使用双腿和双手才能爬上高处。在 8 个月这个学爬的阶段，带宝宝解锁不同难度的爬行，可以让宝宝对爬更有耐心，不会只想站起来。

道具准备:
抱枕

115

12 家庭早教小锦囊

1岁前，如何教宝宝说话

0～3岁是宝宝语言启蒙的黄金时期，在这个阶段提供良好的语言环境，能促进宝宝的语言发展。与大运动发育不同，宝宝的语言能力不是天生的，需要外界不间断、反复地进行语言刺激。总有家长焦虑自家宝贝的各项发育进度，其中就包括了语言。

特别是宝宝1岁前后，妈妈们会有这样的困惑：

"哎呀，我家娃1岁了，还不会开口说话怎么办？"

"别人家孩子一样大，已经很会说了，我家娃还只能蹦一两个词，没事儿吧？"

其实，完全没有必要比，每个孩子都有自己的节奏。

婴幼儿语言发展里程碑

2个月	发出咕咕声，发出愉快的语音。
4个月开始	发出牙牙语，在他们的咕咕声中加入辅音和重复的音节。到7个月，婴儿会试图模仿他听到的语音，比如"ba""ma"等，牙牙语开始包括许多口语的发声。
8～12个月	理解某些单词；对成人的指令有反应，能找到照养者关注的物品；主动参与轮流游戏（拍手游戏、躲猫猫等），与照顾者交换角色；使用非语言的手势，例如用手指指向想去的地方。
12个月	能模仿成人语音，能以音代物；说出第一个可识别的词语。
18～24个月	词汇从50个扩展到200个；学会说2～4个短语，出现电报语。

宝宝什么时候开口算正常

关于宝宝什么时候开口说话算正常，大家可以参照"婴幼儿语言发展里程碑"，判断孩子的语言发育情况。

如果有几个阶段发育相对迟，还是感到担心，就带宝宝去医院看一下发育行为科的医生，医生会用更全面的检查来判断孩子是不是真的有问题，倘若真有问题，及时发现并治疗也是最明智的选择。

焦虑宝宝不会说话，其实是对宝宝的误解

有时候，我们说宝宝不会说话，甚至为此感到焦虑。

其实，不是宝宝不会说话，而是我们听不懂宝宝说话。

《海蒂育儿大百科》中提到："你听不懂宝宝说话，并不代表他不会说话。在这个年龄段，甚至等宝宝再大一点，说话都不应该被看作衡量语言发展的标志。"

1岁前的宝宝会使用两种"语言"来说话。

一种是婴儿独特的语言，也叫"婴儿语"。

宝宝想说话的欲望很强，可是还没有学会怎么说，所以会发出各种奇怪的音，并把这些音串联起来，形成自己独特的语言。

宝宝的另一种语言呢，是由单或双音节组成的，比如，宝宝常说的"dada""mama"。

对宝宝来说，有时同一个发音可能代表好几个意思，比如说"beibei"，可能代表"水杯"，可能代表"被子"，也可能是"妈妈背我"，这需要父母结合当下的语境来理解。

也就是说，有的妈妈说自家宝宝不会说话，其实是对宝宝的一种误解。

她们想表达的其实是，我家宝宝只会前一种"语言"，也就是婴儿语，而不会后

12 家庭早教小锦囊

一种"语言",也就是大人能够懂的语言。

让宝宝说得更好,爸爸妈妈要会做"话痨"

每个宝宝的成长节奏是不一样的,但是爸爸妈妈提早了解一些引导说话的小贴士,对宝宝的语言发展是有所助益的。

这件事,出生就可以开始了!要让宝宝说得更好,平时可以在这3件事上多下功夫。

1. 多说话,多说话,多说话

一定要抓住一切时机,和宝宝多说话,多沟通,多重复。

给宝宝洗澡时,别忘了温柔地对他说:"宝宝,妈妈在给你洗澡哦,是不是很舒服啊?"

推宝宝去散步,可以把路上看到的跟宝宝分享:"你看,那里有一只小猫。"

陪一两岁的宝宝去动物园,可以说的就更多了,动物的名字呀,样子呀,习性呀。

总之,要把宝宝放在丰富的语言环境中(居家生活、超市、公园、游乐场、博物馆等),用简单的语言向他介绍你们看到的东西,激发他表达和交流的欲望。

另外,还可以通过阅读绘本来加强学习。以前带年糕去动物园回来后,我们会一起读关于动物的绘本:"宝宝,你还记得我们白天看过的猴子吗?"强化他对概念和因果关系的理解。

放心,你很快就会习惯,随时随地都能面不改色地自言自语,当个自得其乐的话痨爹妈。

2. 不要做"超级翻译师",给宝宝更多开口的机会

美国麻省理工学院的认知专家发现,要促进孩子的语言发展,除了多听之外,更重要的是和孩子轮流对话,让他有大量的发言机会。

经常和孩子聊天和互动，能发展孩子这两种语言能力：一是理解对方的意思，二是学会用语言来回应对方。

有时宝宝不说话，是因为他们没有说话的机会——比如，宝宝眼睛刚看到水杯，大人已经领悟或者演绎出了孩子的心思，马上递给他。

其实这时可以等一等，鼓励孩子自己表达，而不是替他说或做出来。慢慢地，他就会明白，说话是满足自己需求最简单最直接的办法。

3. 小步前进

让宝宝会说爱说，还有一个诀窍，那就是：和宝宝说话要小步前进，你说的话要高于宝宝的语言能力，但只高出一个层次。

比如，宝宝指着玩具鸭子说："嘎！"你可以对他说"嘎嘎鸭"，不停地重复，不久他就会说"鸭"了。

当他已经学会说单字，比如"车"时，你可以对他说"火车"，帮他在口语表达上继续前进，自己学会把单个的字组成词。

当宝宝已经能说词语时，你就可以尝试对他说一个完整的句子。例如，他说："宝宝，火车。"你可以这样问他："宝宝想要小火车吗？"通过模仿，他们会慢慢拓展自己的语言能力。

13 家庭早教小锦囊

宝宝喜欢抓食物，把餐桌搞得一团糟，要制止吗

一团糟的进餐时间，千万不要制止！

现在，宝宝的小手已经比较灵活了，正在学习将食物送进嘴里，但成功与否要靠运气。他有很多东西要学：抓到食物，拿起来，放进嘴里，闭上嘴巴——宝宝需要具备良好的协调能力才能精确瞄准目标，吃到美味的食物。

对宝宝来说，这是非常棒的学习机会。

给宝宝准备一些手抓食物，或者让他自己拿着勺子。这可以帮助他培养以下三种能力：

1. 抓握能力：让宝宝自己拿手抓食物吃，可以锻炼他的手掌开合能力和钳握式技能。

2. 小心瞄准目标的能力：数月以来，他一直在练习把东西放进嘴里，现在他终于能够更精确地控制自己的动作了。

3. 大脑获得反馈信息的能力：虽然宝宝还不能控制手握的松紧度，但是他的手掌和手指会给大脑提供反馈。

这个学习的过程，宝宝不可避免地会将食物洒得到处都是，这一方面是他能力有限，另一方面也是爱玩的天性驱使。这个阶段让宝宝感受到吃饭的乐趣，比整洁更重要。

让宝宝在饭桌前自由发挥，数月之后，你就会发现，他的精细运动控制技能得到了很大程度的提升，都能够捏起餐盘里小小的米粒了。这对宝宝来说，可是了不起的进步。

9

你的9月龄宝宝

9 months

9 months
你的 9 月龄宝宝

9 个月宝宝的身体更灵活了，能坐卧自如，不需要倚靠任何物体，就能很稳地坐较长的时间。坐着时，会自己趴下或躺下，而不再是被动地倒下。有的宝宝还能扶着床头的栏杆站起来，甚至可以离开手扶物，独自站立几秒钟。

宝宝能用拇指和食指抓住东西了，也可以把左手的东西换到右手。很多家长会发现，宝宝有时会趴在地上，能捡起非常细小的脏东西，还喜欢"抠洞洞"。这些都是宝宝手部精细动作发展得好的表现。

9 月龄的宝宝已经能记住他曾经看到的东西，也能有意识地模仿一些动作，如喝水、做鬼脸、躲猫猫等。宝宝还能够专注地看一会儿他感兴趣的事情，表现出自己的独特喜好，比如有的宝宝喜欢看奔跑的汽车，有的宝宝喜欢看小猫小狗，有的宝宝还可以从一大堆图片中找到他熟悉的几张。

现在，宝宝能理解的词可能比你想象的多，并且他们已经能够辨别语音、语调，以及语言里包含的情绪。当听到"不"时，他会暂时停止手中的活动。

这个阶段，要尽可能多地跟孩子说话，然后耐心地等待宝宝的回应。此时他也许已经能够用简单语言来回答，会用 3 ~ 4 种表示语言的手势。

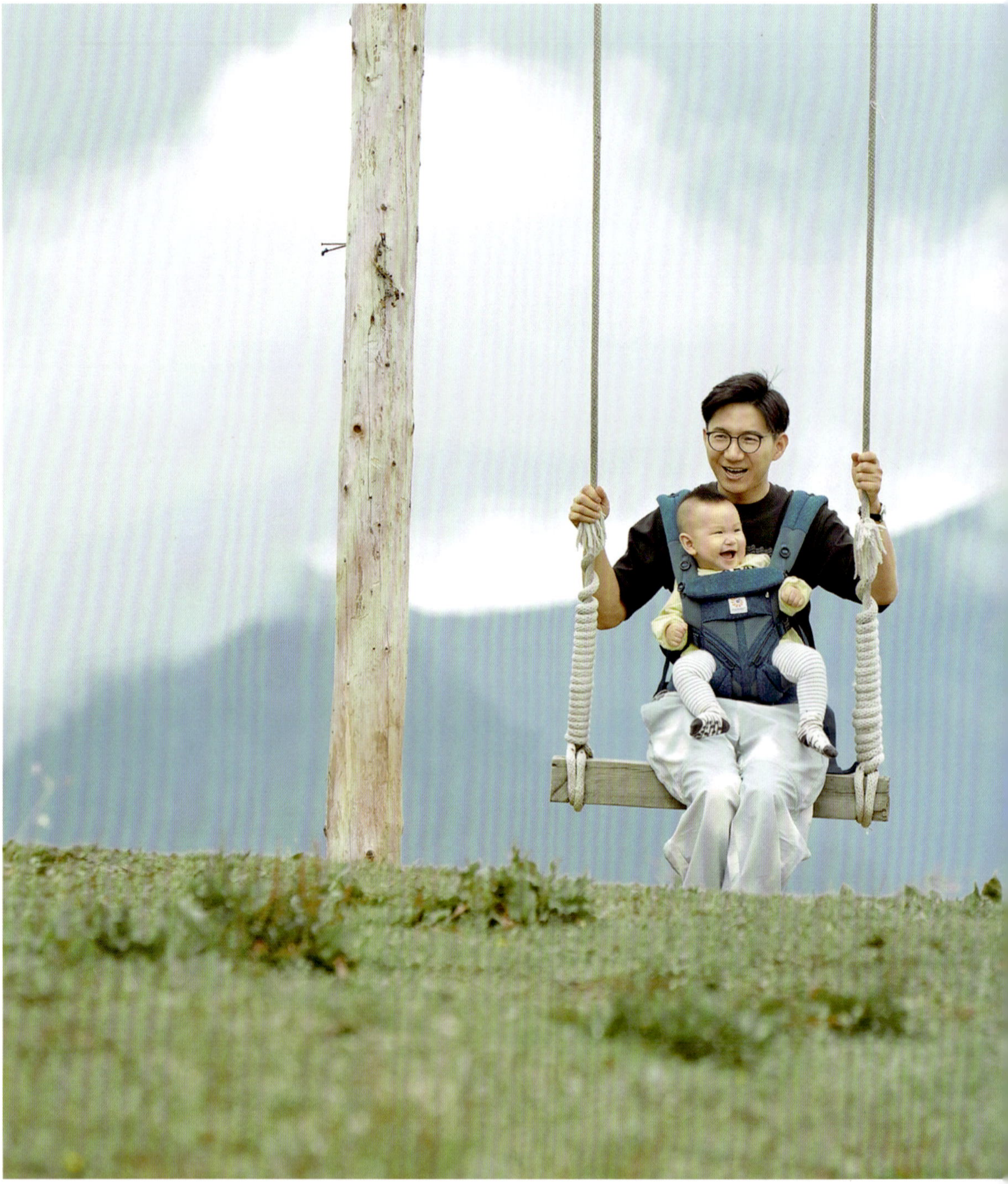

125

9月龄宝宝重点发育技能

手部动作

前几个月龄,宝宝的动作发展主要是大运动发展。9月龄起,宝宝的精细动作开始密集发展。

精细动作,是与手有关的动作,比如抓、握、扔、捏、抠等,宝宝以后吃饭、绘画、写字、做手工等技能都和精细动作发展相关。

相对于翻、爬、走、跑、跳等需要用身体和躯干力量的大肌肉运动,精细动作主要由小肌肉或肌群控制。

抓住宝宝手部发展的敏感期,训练他们灵活地使用小手,增加手的丰富触感,能够有效促进宝宝的脑神经发育。

得益于手部精细动作的发展,这个月龄的宝宝会很喜欢自己使用工具的感觉,挖沙、抠洞洞、滚球、开简单的盖子等都是宝宝很喜欢的活动。日常生活可以让宝宝多用小手,让他做一些他能力范围内的事情,比如扯纸巾、开纸箱等,这会让宝宝很有成就感。

和大运动的发展一样,宝宝的精细动作发展是循序渐进的,也就是说,前一个技能是后一个技能的基础,爸爸妈妈要创造条件来满足宝宝对手的探索。千万不要因为怕脏就制止宝宝抓东西扔东西,这会让宝宝错失很多练习新技能的机会。

9月龄
宝宝的能力发展自测

应该掌握 的技能
（大多数宝宝能做到）

- 努力抓取够不到的玩具
- 寻找掉落的东西
- 扶着东西站立
- 扶着人或物体站起
- 从趴着转换为坐着
- 能发出 mama、baba 等双音节复合音，但无明确含义
- 对细小的声音敏感，重的语气也有反应
- 弄响隔壁房间的物品或在远处叫他，他会爬过去

正在发展中 的技能
（一半宝宝能做到）

- 理解"不"的含义（但不会一直遵守）
- 扶着家具迈步
- 玩拍手游戏或挥手再见

高级 的技能
（只有少数宝宝能做到）

- 玩球，将球滚回给你
- 用杯子喝水
- 拇指和食指可垂直于物体表面拿起小物件
- 短时间独自站立
- 说爸爸、妈妈以外的词
- 用手势回应单步骤指令，比如"递给我"

**9月龄
家庭早教游戏**

我会跳舞啦

● **游戏目的：**

锻炼腿部肌肉
平衡能力

● **游戏玩法：**

1. 和宝宝面对面坐着，然后站起来弯下腰，伸出双手，让宝宝把双手搭在你手上，慢慢站起来。对宝宝说："宝宝，我们来跳支舞吧！"让宝宝自己控制前进方向，当宝宝前进时，你往后退，宝宝因为步伐不稳，看上去就像是在跳舞。

2. 接下来换一种跳法，站在宝宝身后拉着宝宝高高举起的手，跟宝宝同步向前进。这个游戏可以边玩边唱"嘣嚓嚓，嘣嚓嚓，我们一起跳舞吧！嘣嚓嚓，嘣嚓嚓，我们一起跳舞吧！爸爸妈妈快来呀，我们一起跳舞吧！拉拉小手，转个圈圈，我们一起跳舞吧！来吧，小宝贝"，跳完记得称赞宝宝："你跳得可真好啊！"

● **技能贴士：**

从爬行到站立是九个月宝宝必须经历的一个过程，家长可以扶着宝宝慢慢开始站立，往前走三四步，随着时间的增长，站立的时间就会增长，慢慢地，宝宝就会多站立一会儿，开始学会走路。在学步的过程中用游戏的方式和宝宝互动，宝宝会更乐于尝试。

**9月龄
家庭早教游戏**

隧道寻宝

● **游戏目的：**

鼓励爬行
锻炼灵活性
　空间意识

● **游戏玩法：**

1. 让宝宝趴在地板上，爬进隧道，最好能将腹部抬离地面，四点支撑向前爬行，也就是手膝爬，隧道里还可以放一些小玩具让宝宝去抓取。

2. 在隧道的尽头，家长对他笑一笑，亲亲宝宝的脸蛋，让他重新再爬到另外一头。

● **技能贴士：**

9个月的宝宝应该会爬了，爬过狭小的空间可以帮助他发展空间意识和身体感知能力。宝宝一开始可能感到紧张，不过他很快就会喜欢这个游戏，特别是你在隧道口等着亲亲他的小脸蛋时。宝宝会越爬越好，越爬越快，对自己身体的控制力也越来越好。

道具准备： 简易隧道

制作简易隧道的方法

1. 在两把椅子或两个纸箱中间空出合适的距离，在上面搭上一条被单就能做出一条隧道；

2. 把一个纸箱放在地板上，打开箱子盖和箱子底，也能做成简单的隧道；

3. 父母可以四肢着地，用身体搭建成隧道，然后让宝宝从你身下爬过，或者让宝宝爬过你的双臂和双腿。宝宝一定喜欢这个游戏！

9月龄
家庭早教游戏

动物饼干好好吃

● **游戏目的：**

训练拇指和食指对捏能力
手眼协调能力

● **游戏玩法：**

让宝宝坐在餐桌椅上，餐盘里放入若干块动物饼干，鼓励他用食指和拇指这两根手指对捏抓取动物饼干，他做到时给予鼓励。

● **技能贴士：**

这个月的宝宝抓取东西的技能越来越好，他控制很小的物体的能力也在逐渐提高，更多地用手而不是用嘴巴来探索玩具，父母可以经常给他一些体积小的东西让他去拿，但是要注意监护，防止宝宝把小玩具放入口中。

道具准备：
餐盘，动物饼干

9月龄
家庭早教游戏

捞鱼游戏真好玩

- **游戏目的：**

  训练精细动作
  追视能力

- **游戏玩法：**

1. 在宝宝的注视下，把小鱼玩具放入网兜里。

2. 在宝宝面前晃动网兜，吸引宝宝的注意力，引导他把里面的玩具一样一样地拿出来。请注意，是拿出来而不是倒出来。

- **技能贴士：**

  把容器里的东西拿出来、放进去，这个游戏虽然简单，但宝宝却乐此不疲。手指运动能刺激宝宝的大脑发育，而通过大脑的思维和眼睛的观察又可以不断纠正和促进宝宝手指的精细动作，眼、手、脑的配合协调可以促进宝宝的智力发展。

- **道具准备：**
  网兜，玩具鱼

**9月龄
家庭早教游戏**

积木对对碰

● **游戏目的：**

训练精细动作
手眼协调能力

● **游戏玩法：**

1. 家长坐在宝宝对面，给宝宝示范把两块积木对敲，然后让宝宝两手分别握住积木，大人握住宝宝的两手教他敲，发出响声。

2. 把两块积木放在宝宝面前，让宝宝自己来做对敲积木的动作。

● **技能贴士：**

如果宝宝还不能很好地互敲积木，不要求能十分准确地对击。宝宝的手眼协调能力提高后，他会把东西捡起来，摇晃，敲打，在两只手之间传来传去。

道具准备：
积木

9月龄
家庭早教游戏

铃儿响叮当

- **游戏目的：**

  增强追视能力
  观察能力

- **游戏玩法：**

摇动小铃鼓引起宝宝的注意，有节奏地拍打小铃鼓，观察宝宝对小铃鼓的反应，让他自己探索，用手指拨动手鼓上的铁片，用手掌拍小鼓。家长还可以把小手鼓藏在身后，让宝宝爬着去找。

- **技能贴士：**

  宝宝早教启蒙需要打开全感官，其中手眼开发非常关键，宝宝拿到玩具，父母不要急于教宝宝怎么玩，宝宝自己探索这个过程很重要，能够刺激宝宝的视觉和触觉发展，锻炼手部的灵活性，也能满足宝宝的探索欲望。

道具准备：
小铃鼓

9月龄
家庭早教游戏

欢迎！再见！

● **游戏目的：**

培养理解能力

● **游戏玩法：**

1. 家长示范拍手，并告诉宝宝这是"欢迎"，多示范几次，然后握住宝宝的手，教他做出"欢迎"的手势，最后让宝宝自己做。

2. 家长示范挥手，并告诉宝宝这是"再见"，多示范几次，然后握住宝宝的手，教他做出"再见"的手势，最后让宝宝自己做。可以引入具体的情境，比如爸爸要离开，妈妈告诉宝宝："跟爸爸再见。"

● **技能贴士：**

宝宝现在已经知道语言不仅仅意味着声音的变化，他能够理解很多词和话语的准确意义，尽管他还不会说。父母要向宝宝描述和示范日常生活中的各种生活情境，并引导他用手势表示，比如当家里人离开的时候，不断地重复说"再见"，并挥手示意。

之前宝宝能模仿你伸手再见的样子，现在他甚至能主动挥手表达再见，宝宝能够明白"再见"的声音和离开的联系。一旦宝宝懂得了声音和手势之间的联系，他在听到声音时或许会挥手，在看到你挥手时或许会发出类似"再见"的声音。

9 月龄
家庭早教游戏

妈妈，我不喜欢

● **游戏目的：**

丰富味觉体验
观察婴儿口味

● **游戏玩法：**

1. 把宝宝不喜欢吃的东西（比如带有酸味的食物：柠檬）放在宝宝嘴边，观察宝宝的反应（会把食物推开，或者把头转过去），告诉宝宝："这是柠檬，这种味道是酸味。"

2. 把宝宝喜欢吃的东西（比如带有甜味的食物：西瓜）放在宝宝嘴边，观察宝宝的反应（会把家长的手拽过去，急着要吃），告诉宝宝："这是西瓜，这种味道是甜味！"

● **技能贴士：**

　　9月龄的宝宝已经有了一定的自我意识，知道自己是谁，有自己明确的喜好，非常善于表达"我不喜欢"：不愿意洗脸、刷牙或吃饭时，他会把脸转过去，甚至会把父母的手推开，这些都是宝宝自主意识增强的表现。

道具准备：
不同口味的食物

14 家庭早教小锦囊

喂饭时宝宝喜欢玩饭和勺子，要让他自己吃饭吗

想要自己拿勺子，是宝宝在表达很明确的愿望：我要自己吃饭。

这时我们应该鼓励宝宝自己动手，但是也要想办法让宝宝吃饱。

我们可以准备两把勺子，一把交给宝宝，让他自己练习，你拿另一把勺子来喂他。他在练习握勺、用勺子倒腾食物、把食物放进勺子里时，你可以趁机给他喂饭。

最初，宝宝可能只是玩勺子，慢慢地，他晋级为"勺子练习生"，练习用勺子舀食物，放进嘴巴，会越用越好，偶尔还能成功把食物放进嘴里。

和用手吃饭相比，使用勺子将食物送入口中，对宝宝来说对手部精细动作的要求更高。所以，不用介意宝宝把餐厅和衣服搞得一塌糊涂，或者吃饭时间很长，若要宝宝早点学会自己吃饭，这是一个必经阶段。要相信，不久之后，这样的练习不仅会让宝宝更加熟练地自己吃饭，也让宝宝的手部精细动作得到很好的提升。

除了使用勺子吃饭，生活中还有很多机会让宝宝练习自己的手部动作，比如翻书、拔草、掏口袋、抠鼻孔、玩面条、舀水等，不要小看这些不起眼的日常活动，这些生活中自然而然发生的开放式体验，是宝宝非常重要的学习方式，所以不要轻易阻止宝宝的日常探索哦。

家庭早教小锦囊 **15**

宝宝学站之前，要先教会这个动作

不用担心宝宝过早站立，如果宝宝的双腿还不能支撑身体，他是不会站立的。当他感觉到累的时候，他会一屁股坐下来或者哭着向大人求助。他之所以会哭，是因为他还不会从站姿转变为坐姿，他在通过哭来向你求助。

在这个阶段，我们要教会宝宝一项技能：学会蹲。

教会学步期的宝宝"蹲"这项技能，非常重要。这个动作不仅能够加强宝宝臀部和大腿的肌肉强度，还能教会宝宝转移重心，让他学会保护自己。

具体怎么做呢？妈妈可以一边讲一边亲身示范如何蹲下，告诉宝宝："要摔跤了，害怕了，就马上一屁股坐下。"

通过反复练习，宝宝的腿部和臀部力量增强了，就能更好地蹲。宝宝获得了这个技能，就能从站姿转变到坐姿，也就不会那么害怕摔跤了。

10

你的 10 月龄宝宝
10 months

10 months
你的 10 月龄宝宝

这个月龄，大多数宝宝已经有 4～6 颗牙齿了，也有的宝宝一颗也没有，这都是正常的。

现在，宝宝开始向直立阶段过渡，他们能够抓着某个固定的物体站起来，有的宝宝能够独自站立一小会儿。如果大人牵着手的话，他还能向前迈几步。宝宝用拇指和食指拿东西的动作更熟练了，他能把玩具放到玩具箱里、拿着两块积木对敲、拉开带把手的抽屉，还会用手指着自己想要的东西。

在语言方面，宝宝能说的词有限，但是他们语言理解能力突飞猛进，当父母说手、眼睛、脚时，宝宝会伸出自己的手，或指自己的眼睛或脚。如果父母教过的话，宝宝还会表演"摇一下头""再见""笑一个"等节目。

他们还悄悄地"掌握"了镜子功能，看着镜子中的自己，会笑得停不下来，并用手去拍打镜子里的自己。

对了，到了 10 月龄，很多宝宝已经开始看书了，还会表现出兴趣偏好，有的宝宝喜欢有交通工具的书，有的宝宝喜欢有动物的书，当然也有些宝宝对书一点兴趣也没有。

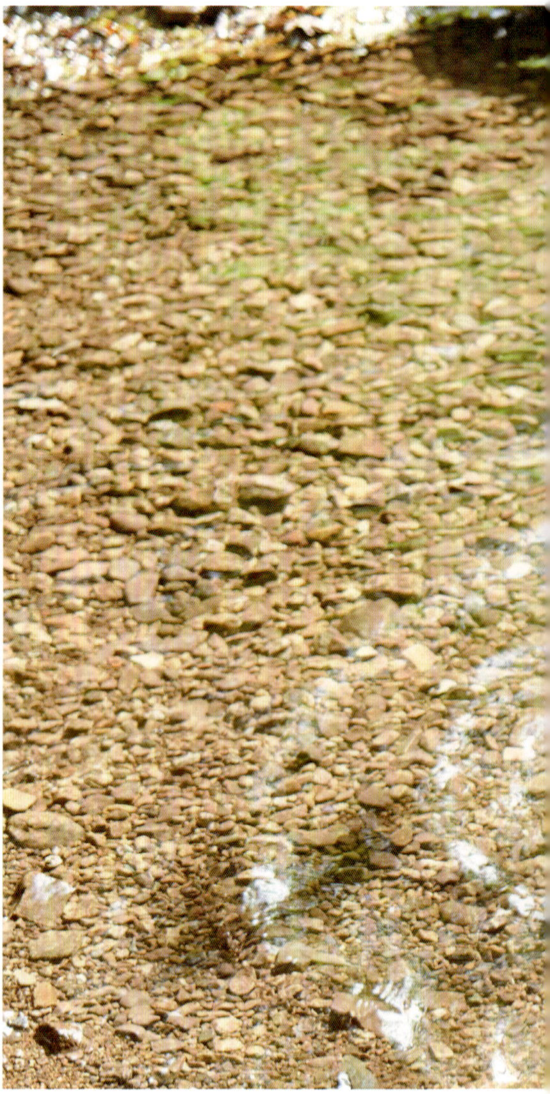

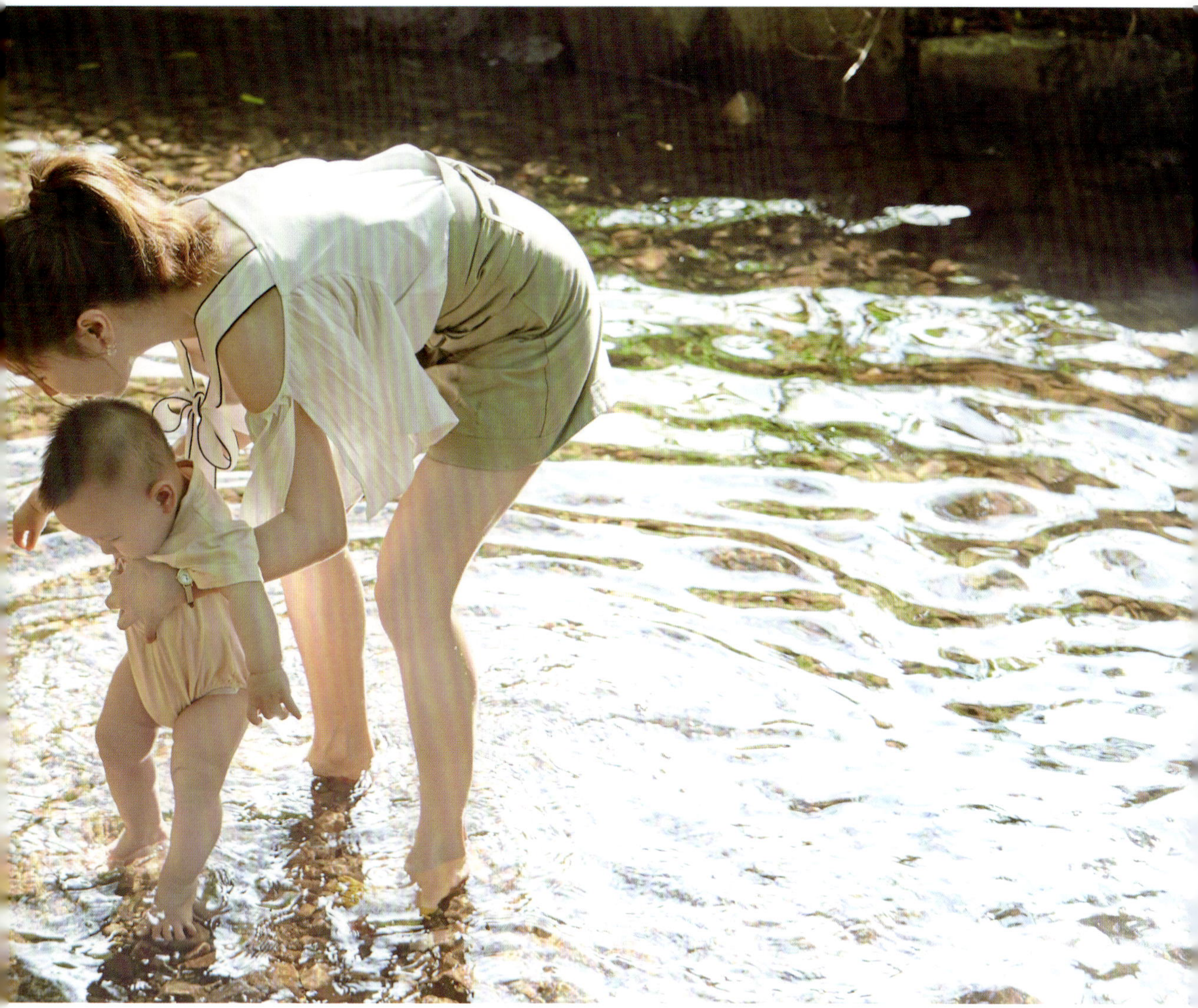

[10月龄宝宝
重点发育技能]

[蹲坐]

这个月龄，大多数宝宝都能够扶着沙发等家具独立站起来。能扶站后，宝宝就会迈开自己的步子，用双腿走路了。

在学会走路前，宝宝还要学会一个重要的自我保护动作：蹲坐。

虽然已经能够扶着家具独自站起，但宝宝的大腿力量依然不足，不能长时间站立，为了宝宝的安全，父母需要在宝宝学会扶站后，帮助宝宝学会自己从站立转为坐下。等宝宝学会自己蹲坐，就不用担心他摔倒了。

刚开始，父母可以托着宝宝的屁股，帮助他坐下，等宝宝有了安全感以后，就可以轻轻地扶着他，让他自己慢慢用屁股去找地面。

学会扶站后，宝宝的视野会变高很多，能探索的空间也大了，父母记得把家里的危险物品放在宝宝拿不到的地方，给宝宝一个安全的探索环境。

10月龄
宝宝的能力发展自测

应该掌握的技能
（大多数宝宝能做到）

- 能用拇指和食指捏取食物
- 熟练爬行，肚皮能离开地面
- 如果将玩具拿走，会表示抗议
- 能模仿别人说"妈妈""奶奶"等
- 会挥手再见了
- 玩躲猫猫
- 扶着家具站立
- 理解"不"的含义（但不会一直遵守）

正在发展中的技能
（一半宝宝能做到）

- 短时间独自站立
- 能有意识地叫"妈妈"或"爸爸"
- 指着某个物品表达自己的需求

高级的技能
（只有少数宝宝能做到）

- 能把东西放到一个容器中
- 玩球（将球回滚给你）
- 以别的方式表明自己的需求，而非大哭
- 自己会用杯子喝水
- 会说"爸爸""妈妈"以外的词
- 独自站立片刻

10月龄
家庭早教游戏

飞机降落啦！

● **游戏目的：**

锻炼平衡感

● **游戏玩法：**

1. 让宝宝扶着沙发或者椅子站立，父母站在宝宝身后，双手从腋下扶住宝宝，把他举高，对宝宝说："宝宝，飞机起飞咯！"

2. 举着宝宝在高处停留片刻，然后快速将宝宝头朝下做俯冲动作，对宝宝说："宝宝，坐好啦，飞机要降落了！"观察宝宝身体的反应，是不是双手张开，向前伸出手臂，做出保护自己的姿势。

● **技能贴士：**

"降落伞反射"是一个保护自己及保持身体平衡的动作，当我们支撑婴儿的腹部及胸部并快速做俯冲动作时，宝宝会伸开双手，向前伸臂，类似降落伞一样。这种支撑性保护在9个月后才会开始出现，代表了婴儿高层神经系统的发展，日后会发展出平衡感、手眼协调、感觉统合以及自我保护系统。这个反射是通过锻炼和刺激形成的一种姿势反射，帮助宝宝多做倒立的动作，同时让他们把手自然垂下，宝宝的"降落伞反射"就可以被激活。

**10月龄
家庭早教游戏**

我会自己坐起来

● **游戏目的：**

鼓励宝宝从爬到坐
锻炼身体协调能力

● **游戏玩法：**

1. 让宝宝趴在地板上，手拿一个小摇铃放在宝宝前面，吸引宝宝来拿。

2. 把摇铃举高，宝宝不需要帮助，能够自己坐起来，成功拿到玩具。

● **技能贴士：**

10个月的宝宝除了发展新技能，还喜欢把几种技能结合起来。7个月左右，宝宝能从坐进步到爬，接下来宝宝开始学习相反顺序的动作，从趴着爬到坐起来。宝宝能从趴着恢复到坐姿，对父母来说是一个里程碑式的解脱，之前他没法自己回到坐的姿势，只能哭闹，或者找一个帮手，现在不需要了。

道具准备：
摇铃

10月龄
家庭早教游戏

投球游戏

● **游戏目的：**

训练手眼协调能力

● **游戏玩法：**

1. 给宝宝示范如何把球扔到纸箱中。

2. 让宝宝坐在地板上或者由家长扶着站起来，把球扔进纸箱中。

● **技能贴士：**

对宝宝来说，抓球是一种本能，但想让宝宝抓住球后再次放开（比如简单的抛球），就有一定的难度了。有意识地将球抛出去是宝宝未来需要学习的一项新技能。这个游戏不但可以锻炼宝宝的抓握能力和精细动作能力，同时还能锻炼他的手眼协调能力。

道具准备：
小球，纸箱

10 月龄
家庭早教游戏

藏一藏，找一找

● **游戏目的：**

训练精细动作
认知因果关系

● **游戏玩法：**

1. 把积木放在地板上，家长在宝宝的注视下把杯子倒扣，盖住积木。

2. 鼓励宝宝自己去拿开杯子，找出藏在里面的积木。

● **技能贴士：**

宝宝这时已经有"物体恒存"的概念了，明白东西从眼前消失并不等于真的不见了，现在最适合跟宝宝玩的游戏就是躲猫猫或找东西。除了找积木，父母还可以当着宝宝的面，把他喜欢的玩具藏在他能够到的地方，引导宝宝找出来。找东西的过程中，宝宝需要手、眼、脑相互配合才能完成，对精细动作、手眼协调、解决问题等能力都是很好的锻炼。

道具准备：
积木，杯子

10月龄
家庭早教游戏

宝宝的百宝箱

● **游戏目的：**

训练精细动作
视觉分辨能力
刺激感官发育

● **游戏玩法：**

1. 把乒乓球放入纸箱中，在宝宝面前摇晃箱子，发出声音。然后避开宝宝的视线，把乒乓球拿出来，给宝宝看空盒子，观察宝宝有什么反应。

2. 把装了乒乓球的纸盒交给宝宝，看看宝宝会不会打开纸盒，拿出球来玩。

● **技能贴士：**

盒子对这个年龄的宝宝来说是很奇妙的玩具，你可以搜集一些易于开关的盒子，然后在里面放些小玩具和小东西，让宝宝去探索。在宝宝玩盒盖的时候可以对他讲"开"或"关"，在宝宝玩盒子里的玩具时对他讲"里面"和"外面"。

● **道具准备：**
乒乓球，纸盒

**10 月龄
家庭早教游戏**

我会叫"爸爸""妈妈"啦！

● **游戏目的：**

增强语言表达能力
听觉能力

● **游戏玩法：**

家长向宝宝示范说"爸爸""妈妈"，然后让宝宝来模仿说出这些词。

● **技能贴士：**

每个宝宝都是天生的语言学习大师。10个月的宝宝已经开始牙牙学语，会模仿爸爸妈妈常说的一些词。虽然刚开始还不会说话，但他非常喜欢听大人说话，听得越多，开口就越顺利。宝宝就是在这种聊天中，学习发音方式和语言结构的，丰富的词汇量也是在这样的对话中积累起来的。因此，一定要多和宝宝说话，宝宝说话时要及时回应和表扬。

10 月龄
家庭早教游戏

玩具总动员

● **游戏目的：**

培养理解能力
　　联合注意能力

● **游戏玩法：**

1. 把宝宝熟悉的玩具（比如小汽车、积木、小球）放在宝宝面前的地板上，然后用手指着玩具，依次告诉宝宝"这是小汽车""这是积木""这是小球"。

2. 对宝宝说："宝宝，请你把积木拿给妈妈。""宝宝，请你把小汽车拿过来。"看看宝宝能不能完成任务。每样东西可以交替问两次，不要重复问。

● **技能贴士：**

对于日常生活中熟悉的东西或玩具，宝宝是知道名称的，当你说出这些名称时，宝宝可以听懂指令。多玩这个游戏，能够训练宝宝的理解能力。宝宝做对了之后，记得鼓励他。当宝宝已经熟悉这些指令之后，可以拓展范围，让他熟悉更多事物的名词，促进宝宝的语言表达能力。

家庭早教小锦囊 **16**

锻炼宝宝的联合注意能力为什么如此重要

联合注意能力是宝宝认知发展的关键因素，宝宝开口早，说话溜，能跟人很好地互动，都是建立在"联合注意"的基础之上。

联合注意能力，是指宝宝能够追随大人的目光，调整注意力，跟大人共同注意一个事物。这项能力是在宝宝 9 ～ 14 个月之间逐渐发展起来的。

联合注意分两种形式：主动性联合注意和应答性联合注意。

主动性联合注意，是指婴儿主动使用眼神、手势引发他人对一个事物的注意。

宝宝看到一只猫，他会先盯着猫看，再看看妈妈，用手指着猫。如果妈妈注意到了宝宝的眼神和手势，对宝宝说："哦，一只小猫耶！"这时就达成了主动性联合注意。

应答性联合注意，是指宝宝追随他人眼神和手指指示的技能，也就是宝宝被别人吸引。比如，你指着草地上滚过来的球，对宝宝说："看，球来了！"宝宝也会跟着你所指的方向看过去。

联合注意发展得好的宝宝，语言能力更强。

平时，我们教宝宝认识周围的东西，都会指着那个东西告诉他："这是香蕉。""这是水杯。"……

联合注意能够让宝宝把物体和语言对应起来，经常跟家长保持联合注意的宝宝可以听懂更多的语言，说话更早，表达能力也更好。

联合注意发展得好的宝宝，认知能力更强，未来学业表现会更好。他们在上课时可以轻松地跟随老师，调整自己的注意力。

联合注意还能帮宝宝调节和分享情绪。

公园里有两个小朋友在开心地追闹，你指着这两个小朋友对自己的宝宝说："看

16 家庭早教小锦囊

那两个小朋友玩得真开心!"联合注意使得宝宝也能把注意力转移到他们身上,感受到其中的快乐。

联合注意带来的"同频共振",能让父母和孩子分享彼此的情绪,让宝宝体会到生活中的乐趣,帮助他成长为一个高情商的人。

11~12

你的11~12月龄宝宝
11~12 months

11 ~ 12 months
你的 11 ~ 12 月龄宝宝

说第一个词、走第一步，是1岁左右宝宝最重要的两件事情。

现在，宝宝的扶走更稳了，有的宝宝还能够独立地站起、坐下，再晃晃悠悠走上几步。刚刚学习走路的宝宝，会双手向两侧张开，走起来跟跟跄跄像个小企鹅，稍有不慎就会一屁股坐在地上，可爱的样子让人忍俊不禁。

在精细动作方面，宝宝能够自己搭起两块积木，还会把东西摆好后再推倒；大人给他喂饭的时候，会把勺子抢过来自己吃，尽管他还用不好勺子。我们需要给宝宝练习的机会，这对宝宝手部精细动作的发展大有裨益。

1岁的宝宝，能够对大人简单的语言要求做出反应，并用一定的音节，来表达一定的意义，比如用"杯"表达自己想喝水、用"抱"表示想要大人抱抱。

你还会明显地感受到宝宝长大的迹象，虽然他还是又小又可爱，但是他开始想要独立做一些事情，如果你帮他做了，他会发脾气抗议，但是当他失败或者遇到挫折时，又会回到你的身边，希望你帮助他。这是1岁宝宝的典型状态。

宝宝的生日即将到来，仪式感可不能少，为宝宝准备一个生日会吧，这是让宝宝感受父母爱意的好机会。

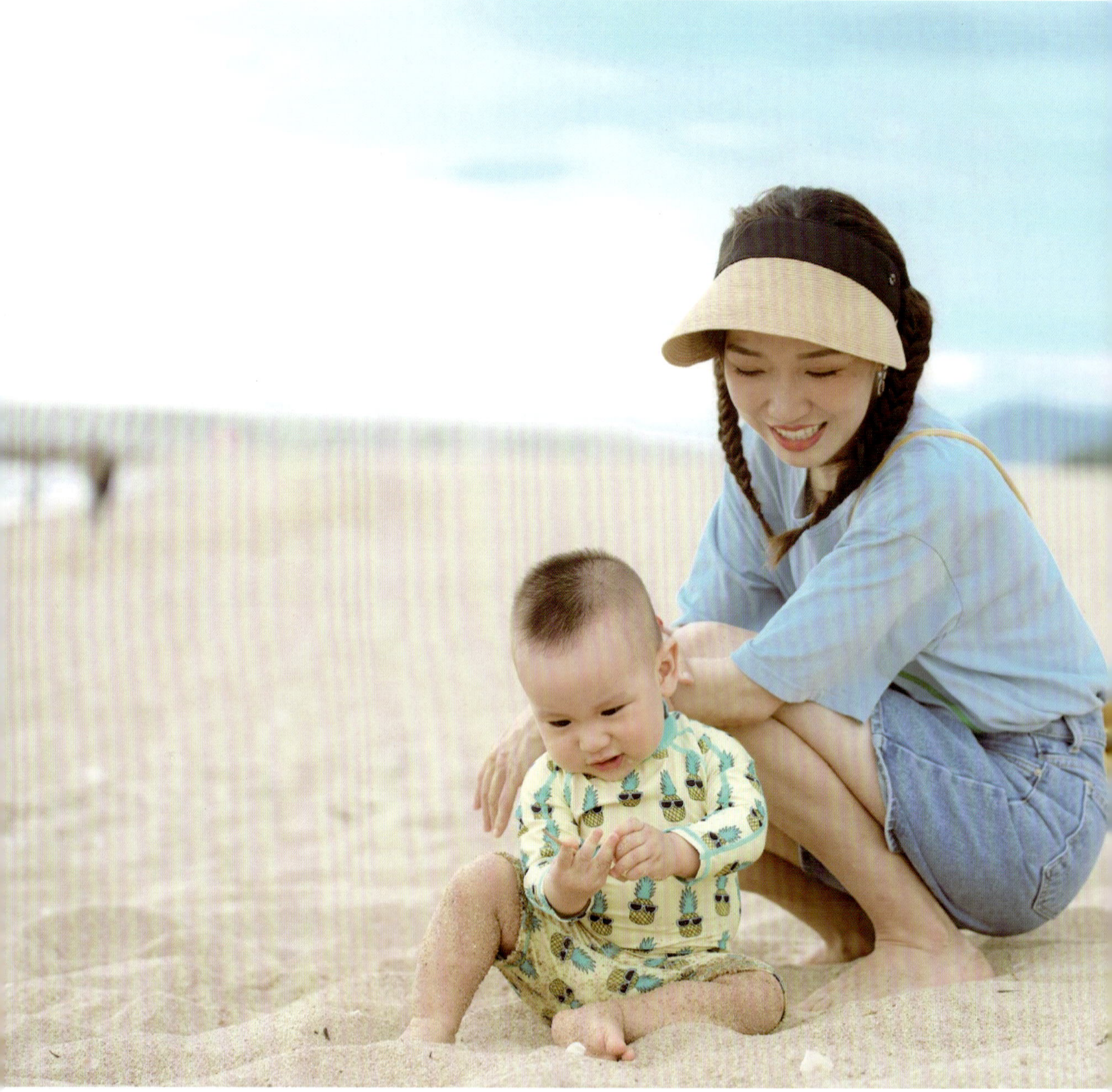

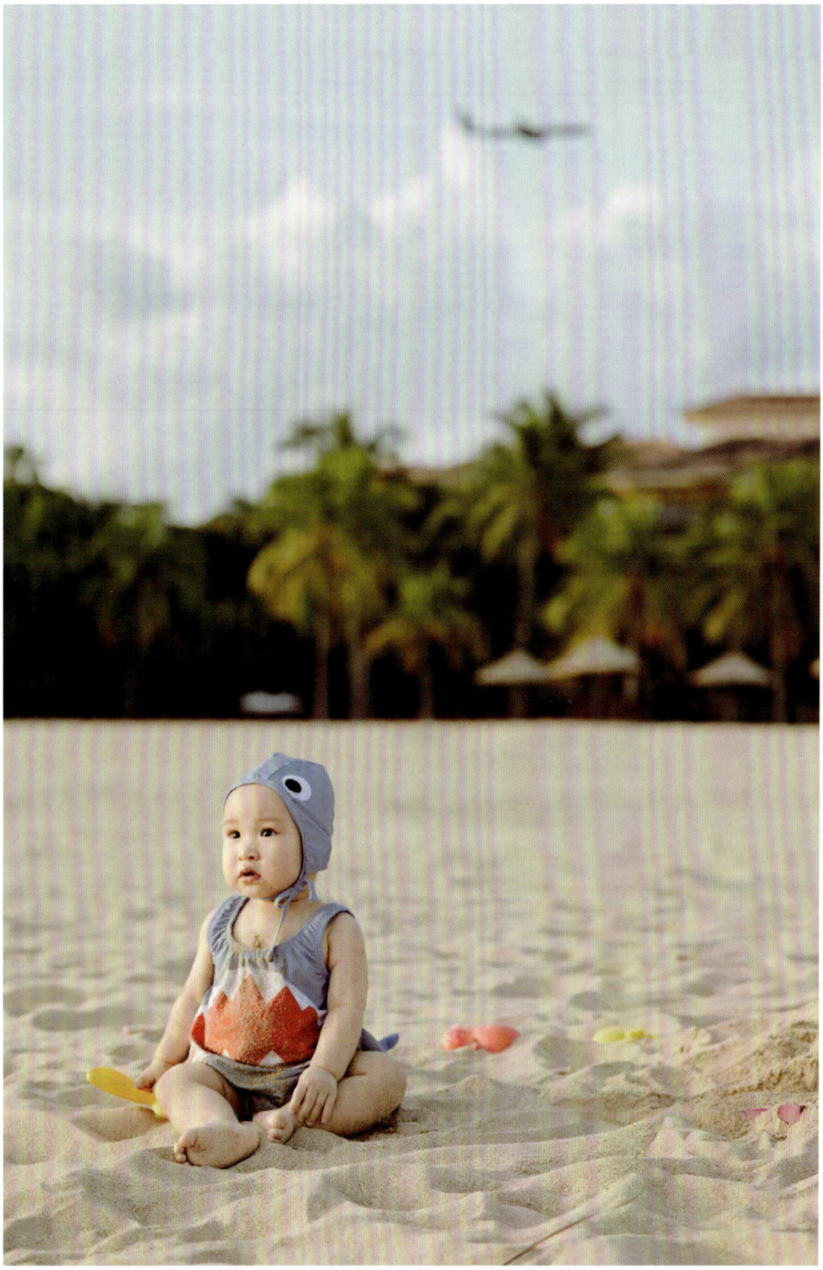

[11～12月龄宝宝
重点发育技能]

独自站立

宝宝学走路前,有一个很重要的里程碑,就是会站立。

随着宝宝大运动的发展,宝宝会逐渐从一个"爬行动物"变成一个能够直立看世界的小家伙,这个过程可不容易。

大约5个月时,宝宝就能在大人托住腋下的情况下,用双腿支撑自己站立和弹跳,但真正要稳当地独立站上几秒钟,却要到1岁左右。

9～10个月时,一些宝宝已经可以扶着沙发或茶几站起来。

10～12个月时,宝宝的下肢力量和身体平衡能力有明显的提高,这是他学习独自站立的最佳时机。爸爸妈妈只要稍微辅助一下,他们就能顺利地学习站立了。

要注意的是,宝宝学站时,一定要保证周围的环境是安全的,不要让他站太久,一次最好不超过5分钟。

虽然学习站立很重要,但在宝宝没有站起的欲望之前,说明宝宝的身体还没有准备好,父母不要主动训练他站立或走路,这不会让宝宝的发育提前,反而会让宝宝觉得太难而退缩,导致发育延迟。

[11 ~ 12 月龄 宝宝的能力发展自测]

应该掌握的技能
（大多数宝宝能做到）

· 以音代物
· 从趴着换成坐着
· 扶着家具走（较长的距离）
· 用一些手势获得满足需要
· 用拇指和食指拿起细小的物体
· 能搭积木

正在发展中的技能
（一半宝宝能做到）

· 独自站一段时间
· 正确模仿成人语言，逐渐与特定事物相联系。
· 摇摇晃晃地走路

高级的技能
（只有少数宝宝能做到）

· 走得很好
· 无须打手势就能对1步指令做出回应
· 使用不成熟的语言

**11~12月龄
家庭早教游戏**

手牵手，向前走

● **游戏目的：**

锻炼大运动能力
身体协调性

● **游戏玩法：**

1. 拉着宝宝的手让他站起来，然后让宝宝抓住你的一根手指，牵着宝宝慢慢向前走。可以边唱宝宝喜欢的童谣，边和宝宝一起手牵手往前走。

2. 还可以让宝宝一手拉着带绳子的牵拉玩具，一手牵着妈妈往前走，让玩具给宝宝学走带来一些乐趣。

● **技能贴士：**

12月龄的宝宝，有些可能已经会走路或者可以让家长牵着走几步了。这个游戏能够很好地帮助宝宝学走路，还能让宝宝体会到走路的乐趣。在宝宝学步这个阶段，踮着脚走路、走路爱摔跤、用头控制方向等都是正常的，无须特别担心。随着宝宝大运动能力越来越好，这些情况都会慢慢减少。

道具准备：
带绳子的牵拉玩具

乐器大探索

游戏目的：

培养乐感
锻炼精细动作

游戏玩法：

1. 把小手鼓、小钢琴和摇铃放在宝宝面前，让宝宝自由地探索，选择自己感兴趣的乐器，敲、击、拍打、弹奏它们。

2. 家长可以和宝宝一起玩，调动宝宝的积极性，让他体验声音的美妙。

技能贴士：

音乐对宝宝来说可谓益处良多，让宝宝接触音乐，不仅能培养他们的节奏感，还能促进他们的智力发育。一些简单的乐器可以衍生出丰富多彩的音乐游戏，比如手鼓既能拍又能摇，宝宝不仅可以发现声音，还能自己创造声音。将游戏和音乐融合在一起，能够刺激并增进宝宝的身体感知能力。

道具准备：
小手鼓、小钢琴、摇铃等乐器

妈妈穿衣服，我配合

● **游戏目的：**

训练理解能力
身体感知能力

● **游戏玩法：**

1. 让宝宝坐在沙发上，家长对宝宝说："宝宝，妈妈现在要给你穿上外套了，这里是袖子，伸出小手。"看看宝宝是否会配合你的指令。

2. 穿好衣服后，接下来可以让宝宝坐在沙发上，家长蹲下来，对宝宝说："宝宝，伸出小脚，我们穿上鞋子，去外面玩咯。"看看宝宝是否会配合指令。

● **技能贴士：**

在给宝宝穿衣时，妈妈告诉宝宝"伸手""抬脚""抬头"等，能让宝宝对自己的身体有更多认知，学会伸出手穿上衣袖、伸头套上领口、伸腿穿上裤子、伸脚穿上鞋子。每天这样做，宝宝会逐渐熟悉这套动作，会主动配合家长，也为将来更主动地自己穿衣做准备。

11～12月龄
家庭早教游戏

神奇小蜡笔

- **游戏目的：**

  训练精细动作
  　　手眼协调能力
  　　认知能力

- **游戏玩法：**

  1. 清理出一块干净的地面，贴上几张大大的画纸，然后坐在宝宝身边，给他几支蜡笔或水彩笔，鼓励宝宝在纸上随便乱画。

  2. 一开始，家长可能需要手把手地教他画，然后宝宝学会握笔后，就可以让他自己画。和宝宝边画边聊，告诉他蜡笔是什么颜色的，引导他尽可能使用不同的颜色。

- **技能贴士：**

  使用画笔涂鸦可以增强宝宝的精细动作能力和手眼协调能力，同时让他学会辨别颜色。更重要的是，一边陪宝宝画画一边和宝宝交流，还能提高他的语言能力。也许宝宝画的只是一些歪歪扭扭的线条，但是对宝宝来说，这可是他的杰作哦，一定要多鼓励他！这个游戏可以一直和宝宝玩，等他再大点，可以向他描述画的东西，培养他对画画的兴趣。

- **道具准备：**
  白纸，蜡笔或水彩笔

11～12月龄
家庭早教游戏

小手更灵巧了

● **游戏目的：**

训练精细动作
　　手眼协调能力

● **游戏玩法：**

1. 家长坐在宝宝对面，给宝宝示范往空的矿泉水瓶里放溶豆，然后让宝宝自己往里放。

2. 放完溶豆后，把矿泉水瓶的盖子递给宝宝，让宝宝试着去盖瓶盖。如果宝宝的小手不够灵活，还不会盖，你可以先给宝宝示范，然后让宝宝不断尝试。

● **技能贴士：**

这个游戏看似简单，但宝宝会很喜欢。1岁左右的宝宝，双手已经很灵巧了，也懂得用两只手配合起来做事情。让宝宝盖瓶盖，即使盖得很松，或者盖歪了，对1岁的宝宝来说也是很不容易的。这个游戏能够提高宝宝的协作能力和精细动作能力，培养宝宝解决问题的能力，还能提高宝宝的专注力。

道具准备：
矿泉水瓶，溶豆

11～12月龄
家庭早教游戏

上下楼梯

● **游戏目的：**

锻炼大运动能力
　身体协调能力
　下肢力量
　空间意识

● **游戏玩法：**

让宝宝爬上小楼梯，然后教他如何安全地下楼梯——脚先下，用脚接触下一级台阶。家长在旁边保护宝宝的安全。

● **技能贴士：**

如何安全地上下楼梯，是所有刚刚开始学步的宝宝都要学习的一项重要技能，同时也是一个非常有趣的游戏。宝宝学会将脚伸到自己看不到的地方，然后找到坚实的落脚点，这种练习可以让宝宝学到很多关于空间关系和平衡感的知识。上下楼梯还可以帮助宝宝进一步理解高度和深度的概念，学会保护自己。注意，每次让宝宝练习上下楼梯的时候，家长都要使用统一的提示语言，比如"转身"或"脚先下"。

11~12月龄
家庭早教游戏

我会听指令了

● **游戏目的：**

训练理解能力
沟通能力

● **游戏玩法：**

1. 在宝宝面前放上宝宝喜欢吃的水果，然后对他说："宝宝，请把香蕉给妈妈。"观察他的反应。

2. 继续对宝宝说："指一指妈妈在哪里。"宝宝会把小手指向你，这时你可以再接着对他说："宝宝，把苹果给妈妈。"让他明白"指一指"和"给"的意思。

● **技能贴士：**

宝宝正在把词语和意思联系在一起，他想弄懂你在说些什么。与说话能力相比，他的理解能力发展得更为超前。当你不断向宝宝说话，并发出清楚的指令时，其实你是在帮助他理解简单的请求，让他明白自己应该做什么。日常生活中，当你在忙碌着做事情时，可以邀请宝宝参加，并向他发出清楚的指令，他会更容易明白你要求他做的事情，比如"把尿不湿扔进垃圾桶"，然后为宝宝做示范。这样，他就能够按照你的要求行动了。

11 ~ 12 月龄
家庭早教游戏

好玩的足球游戏

● **游戏目的：**

训练大运动能力
　　脚眼协调能力
　　　社交能力

● **游戏玩法：**

1. 把一个沙滩球放在宝宝面前，托住宝宝的腋下，将他抱起，然后轻轻地摆动宝宝的身体，让他的腿能够踢到球，使球在地板上滚动起来。

2. 如果宝宝已经能够站立或者走几步，你可以用手牵着宝宝，让宝宝走到小球前，引导他用脚去踢球。如果家里有哥哥姐姐，也可以让他们参与进来。

道具准备：
沙滩球

● **技能贴士：**

　　让宝宝的双脚摆动，可以增强他腹部和腿部的力量。牵着他的手，让他用脚和腿感受如何踢球，可以提高他的身体感知能力以及脚眼协调能力。如果家庭成员都来参加这个游戏，宝宝还能学会如何与人互动，人越多越好玩儿。

17 家庭早教小锦囊

如何给宝宝选鞋

刚学站立和走路的时候,能让娃光脚就光脚。但是为了安全和卫生,宝宝外出时还是需要穿鞋。

给娃选鞋可以参考以下这 5 个方面:

1. 鞋底要柔软又防滑

橡胶底、胶底、布底和牛筋底等鞋底都是不错的选择,记得选择有防滑设计的。

2. 面料要柔软透气,但不能太软

宝宝的鞋子,面料最好以天然面料为主,鞋子要轻,但鞋帮要高一些、挺括一些,最好能护住踝部。鞋头要选择宽一点的,以免脚趾在鞋中相互挤压,影响发育。

3. 避开有安全隐患的鞋子

检查鞋子外表是否涂有化学染料,味道是否很重,也要留意鞋子的车工及设计,不要有多余的装饰物件,以免刺伤宝宝或让宝宝咬到。

4. 选择合适的时间试鞋

最好在下午 3 点到 6 点试穿鞋子,这个时间点,孩子的脚有点膨胀,其他时间试鞋可能会买小。

5. 不要买大一码的鞋子

大一码的鞋子前脚掌处的设计一般相对较宽,为了保证不掉鞋跟,宝宝穿起来脚会不自觉地向前顶住鞋子,危害足部正常的骨骼发育。

另外,宝宝刚开始走路时,脚会表现为轻微的"外八字"或"内八字",这是正常现象,不推荐穿矫正鞋。如果对宝宝的脚型感到担心,建议咨询儿童骨科医生后再处理。

家庭早教小锦囊 18

如何帮助学走路的宝宝远离危险

1. 宝宝将要做出危险行为时，父母要严厉禁止

宝宝的好奇心越来越重，特别是会走以后，见到楼梯就想爬，看到水杯就想伸手去够，抠插座孔、拔电线插头、拧煤气开关……

看到宝宝做这些危险的事情，父母必须用简单、明了、严厉的语气说一声："不行！"造成一种能中止宝宝危险行动的条件反射。并且以后每次宝宝即将要做出危险的事情时，父母都要用同样的语气来制止婴儿，说："不行！"

说了"不行"，婴儿就停止了危险动作的话，要及时地夸奖他。

2. 让宝宝亲身体验一下做危险行为的后果

像主动接触热水这种行为，家长可以用比洗脸水稍高的水温让孩子试一下，烫到了，孩子就得到了教训，也就避免了之后发生危险的可能。

3. 做好安全防护

这个月龄的宝宝，正在积极地学习走路，家长必须给宝宝创造一个空间，把带棱角的东西都收拾好，插座孔要保护起来，热水瓶、易碎物品尽量放在宝宝够不到的地方，这样宝宝即使摔了也不会出危险。

13~15

你的 13 ~ 15 月龄宝宝
13~15 months

13 ~ 15 months
你的 13 ~ 15 月龄宝宝

学走路是这个阶段宝宝的大事！

这个月龄的宝宝基本上都开始尝试学走。不过，要是宝宝只愿意爬或者扶着家具溜达，也不必担心，有的宝宝在 17 ~ 18 个月才开始走，这都是正常的。

宝宝在学习走路的时候，很多妈妈会发现宝宝有点"罗圈腿"，这属于正常的生理弯曲，到了三四岁以后就会恢复正常。学走路期间，宝宝可能会出现短暂的睡眠倒退，比如夜哭、入睡困难等，这是宝宝学习走路的欲望太强导致的，多给他一点安抚和耐心，这个阶段会很快过去。

1 岁以后，宝宝的精细动作也会有很大的进步，他们的手指更加灵活，可以自如地摆弄小物件，探索小东西的各种组合方式，比如可以搭 4 块积木，反复打开盒子、盖子等物体，会翻书、涂涂画画等。

在这个月龄，很多宝宝会有自己尝试吃饭的强烈欲望，他们对勺子很感兴趣，但由于手部控制能力和手眼协调能力有限，可能会把餐椅搞得一团糟，还会延长吃饭时间，但这些都不重要，重要的是宝宝会在一次一次的练习中，慢慢学会独立吃饭，还会养成良好的用餐习惯。

**13～15月龄宝宝
重点发育技能**

走路

趴、爬、站、走……宝宝学习每一个运动技能，都是水到渠成的。

总是将宝宝围在游戏栏内、固定在婴儿车里、放在安全座椅上，或是很少让宝宝通过站立和爬行锻炼自己的肌肉并培养信心，宝宝可能要晚一些才会行走。

有的宝宝胆子大，不怕摔，可能9个月就有走的欲望，也有的宝宝15个月才开始尝试学走。不要过分焦虑，宝宝18个月前学会走路都是正常的。

如果宝宝18个月还没学会走路，那最好去看下儿童保健科医生。

只要宝宝之前抬头好、翻身好、爬得好，就不用担心他走不好。

（1）宝宝总爱踮着脚走路，要不要纠正他？

宝宝刚开始学走爱踮脚是正常的，慢慢地他们就能学会把脚跟放下来。

父母也可以观察下宝宝踮脚走路的频率是否异常，如果只是偶尔用这种姿势，一会儿又正常了，那就不用过于担心啦！

（2）宝宝经常摔倒怎么办？

刚开始学走路的宝宝还不太会掌握平衡，摔倒是正常的。父母也可以让宝宝先扶着固定的支撑物练习走路。如果害怕宝宝摔倒受伤，那就提供一个安全的环境。

（3）走路O形腿，是因为穿了尿不湿吗？

宝宝走路时看起来像膝内翻（O形腿）、膝外翻（X形腿）都是正常的，因为他们的肌肉比较松弛，而且在妈妈肚子里蜷缩了很久。等双腿渐渐承受重量后

腿自然就伸直了。

一般来说，O形腿和踮脚走路一般会在1.5~2岁间消失，X形腿也会在5~7岁逐渐改善，妈妈们不用过于担心。

早教小建议

如果出现下列情况，要带宝宝去看医生：

○ 躺着时腿也不能完全拉直；

○ 宝宝两腿弯曲程度不一样，有跛行倾向或疼痛症状；

○ 宝宝的膝内翻或膝外翻随着年龄增长看起来变得更严重了。

（4）走路一直"外八"怎么办？

宝宝学步初期，脚底有大块的脂肪垫，而且他也还没有足够的肌肉力量，韧带稳定性不太好，要靠外八字让自己走路时保持平衡。

（5）走路有点"内八"，需要做什么检查吗？

大部分宝宝的"内八"会在2岁左右改善，不用太忧虑。需要提醒的是，"W"形跪坐的姿势会让宝宝的股骨呈内旋姿势，这也是"内八字"的原因之一，宝宝有这种坐姿的话需要纠正。

（6）宝宝不太会爬，直接学走有影响吗？

大多数宝宝的动作发展都是按照抬头、翻身、坐、爬、站、走这个顺序来的。爬得好说明宝宝的四肢发育完善，平衡感好，学走的时候也会更稳当些。也有部分宝宝可能越过了爬直接学走，只要宝宝没有不适，问题就不大。

（7）学走的时候，可以牵着走引导他吗？

能不牵就不牵。宝宝学走的时候，牵着走反而更危险，宝宝跟不上大人的步伐，很容易摔跤，而且有手臂脱臼的风险。

陪宝宝学走路，这样才靠谱

学走前先学蹲

教会学步期的宝宝"蹲"这项技能，非常重要。这个动作不仅能加强宝宝臀部和大腿的肌肉强度，还能教会宝宝转移重心，让他学会保护自己。

妈妈还可以一边亲身示范，一边告诉宝宝："如果感觉要摔跤了，害怕了，就马上一屁股坐下。"宝宝学会了这个技能，不再担心摔跤，自然就更加敢大胆走了。

适当做一个旁观者

宝宝学走路，有的家长比宝宝还着急。特别是初学的时候，宝宝都是摇摇晃晃，眼瞅着就要摔倒，这时候家长比宝宝还紧张。

宝宝能感受到家长的情绪，这会影响他的发挥！

学步车，再见！

拒绝用所谓的"带娃神器"，特别是学步车，可能会导致宝宝臀部前倾，踮脚走路，无法掌握平衡感，爬行的机会也会减少。

选择合适的学步工具

四轮小车或小推车是宝宝学步的好帮手。

宝宝可以推着车一步步朝前走，这种车需要宝宝自己发力推动，既不需要担心宝宝的走姿被带偏，也不需要担心宝宝因重心不稳而摔倒受伤。

4 个日常学走小游戏

沙发追逐战 | 难度：1 级

用玩具来引导宝宝连续、不间断地扶着沙发来回走，既能保持宝宝对学步的兴趣，又能锻炼他横着迈步的能力。

横跨小河 | 难度：2 级

把两个椅子放远一点点，这样他就必须自己站立，横跨椅子之间的距离了。学会独站是学走很重要的一步。

有趣赛道 | 难度：3 级

我们可以用枕头、靠垫、被子等做一个有趣的赛道，让宝宝可以跨过来或者是绕过去。

到怀里来 | 难度：4 级

还有一个必玩的项目："快到妈妈怀里来。"

等到走熟练之后呢，爸爸妈妈可以拉大彼此间的距离，让宝宝走得更远。

早教小建议

在家学走路的时候尽量光脚走，实在觉得室内太冷，给宝宝添一双防滑袜就够了。因为迈出第一步时，宝宝会用他们的脚趾抓住地面，穿袜子会很滑，也比较重，并且光脚走路的好处有很多：

○ 刺激宝宝丰富的脚底神经，促进血液循环。

○ 加强足弓，强健脚踝，肌肉更强健。

○ 小脚直接接触、感知地面。

○ 宝宝的脚趾练习抓地（更好用上脚劲），防止滑倒，提升平衡力。

[13～15月龄
宝宝的能力发展自测]

😊 **应该掌握** 的技能
（大多数宝宝能做到）

- 拍手或挥手再见
- 用哭以外的方式来表达需要
- 弯腰捡东西
- 有意识地使用"妈妈"或"爸爸"的称呼

正在发展中 的技能
（一半宝宝能做到）

- 用杯子喝水
- 模仿大人的样子使用东西
- 指着想要的东西
- 自己走路

高级 的技能
（只有少数宝宝能做到）

- 跑和倒退走
- 扶着栏杆上楼梯
- 用汤勺和叉子
- 问身体某个部位时能用手指出来

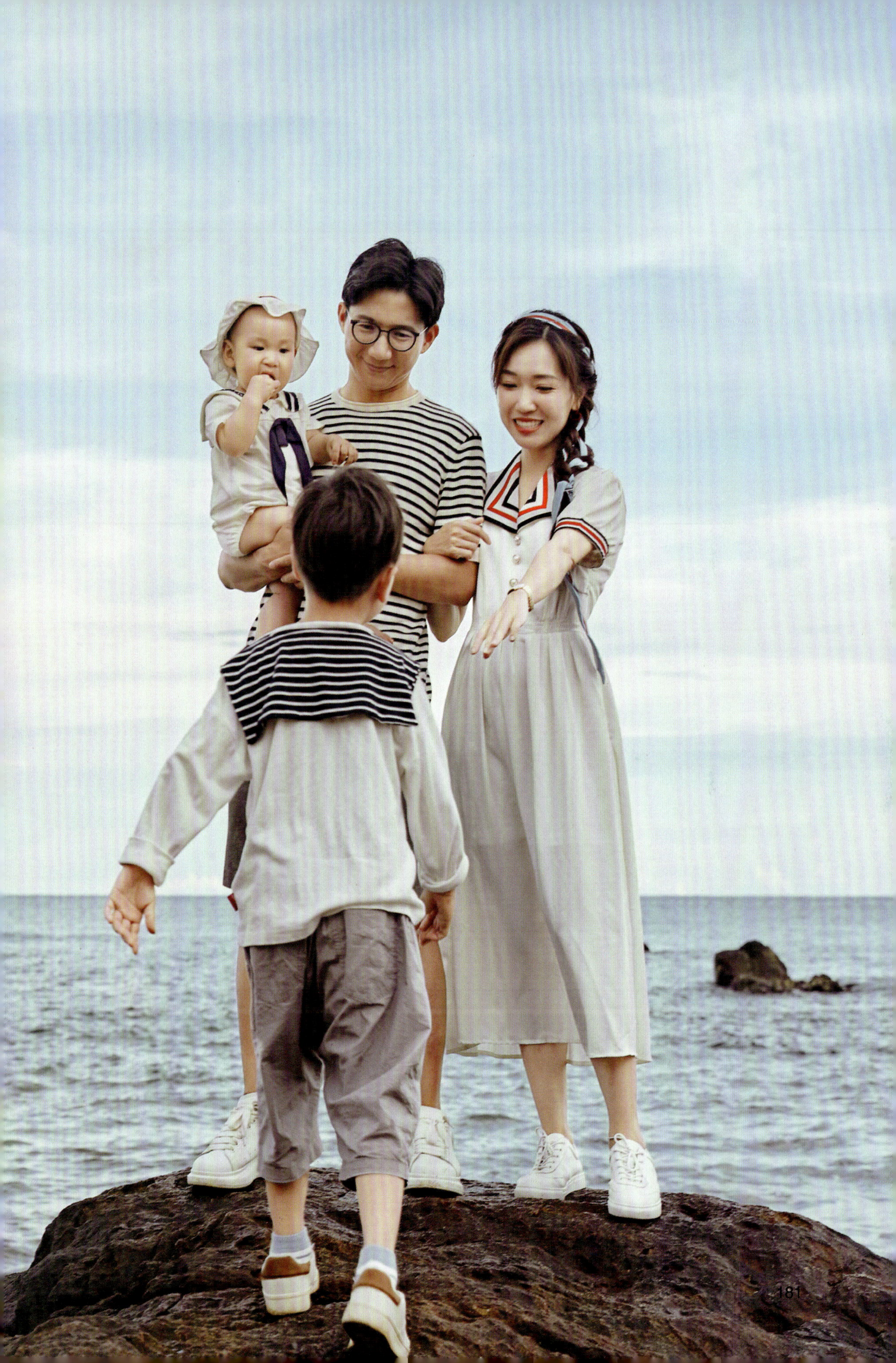

13～15月龄家庭早教游戏

我的五官

● **游戏目的：**

训练身体感知能力
　　手眼协调能力
　　理解能力

● **游戏玩法：**

1. 家长和宝宝面对面坐着，给宝宝示范指自己的眼睛、鼻子、嘴巴、耳朵、眉毛。

2. 向宝宝提问："你的眼睛在哪里？指一指。"观察宝宝能不能正确找到自己的五官。

3. 接下来还可以问宝宝："妈妈的鼻子在哪里呢？指一指。"

4. 也可以用闻、尝、听等方式告诉宝宝五官的作用。

● **技能贴士：**

　　面部识别的能力，是宝宝自我意识发展路上的里程碑。除了对面部特征的分辨和记忆之外，这种能力还关系到宝宝手眼协调能力、感知觉能力的发展。

　　平时多带宝宝照镜子，并对着镜子教宝宝认识五官，是一个很不错的引导方法，能帮助宝宝更好地认识自己。

13 ~ 15 月龄
家庭早教游戏

百变山洞

● 游戏目的：

理解规则
训练身体协调能力
语言理解能力

● 游戏玩法：

1. 爸爸妈妈手拉手搭成山洞的样子，一起念儿歌："大山洞，小山洞，火车呜呜钻山洞，钻过去，瞧一瞧，火车变成乖宝宝。"

2. 念儿歌的时候配合肢体动作，引导宝宝钻一钻、跨一跨。

3. 接下来可以提升难度，变成一开一合的山洞引导宝宝过来钻："山洞打开咯！快过来吧。山洞关上咯，哇，宝宝太厉害了！"

4. 交换角色，让宝宝和妈妈手拉手做山洞，让爸爸来当火车钻山洞，体验角色变化，让宝宝理解规则。成功钻过山洞了，可以和宝宝击掌庆祝一下，制造游戏胜利的仪式感。

● 技能贴士：

　　这个月龄的宝宝，玩一些锻炼肢体协调的游戏，可以帮助他们更稳地走路。

　　钻山洞游戏需要钻、跨、走等肢体动作的配合，对宝宝来说是个很好的挑战。

　　小小的山洞游戏，让宝宝从钻到搭，可以潜移默化地让宝宝了解"轮流玩"这个重要的社交规则还能让宝宝感受到父母温暖的怀抱和温柔的鼓励，增强亲密关系。

13～15月龄
家庭早教游戏

小小搬运工

● **游戏目的：**

训练手部控制能力
身体协调性
颜色认知

● **游戏玩法：**

1. 家长示范用勺子在两个脸盆之间搬运海洋球。可以边舀边说小球是什么颜色的，增强宝宝对颜色的认知。

2. 引导宝宝一手握住勺子柄部，另一只手扶着勺子不让小球掉下来，把海洋球从一个盆运送到另一个盆里。

3. 拉开两个脸盆之间的距离，让宝宝来运送海洋球，这一步宝宝可能还需要一些练习才能做得很好。

● **技能贴士：**

宝宝的手部运动可以刺激大脑，对思维发展和创意培养有很大帮助。

在生活中，家长还可以请宝宝帮忙运送一些纸盒、矿泉水等小物件，锻炼宝宝手眼协调能力，进一步巩固宝宝使用工具和运送的本领。

道具准备：
勺子，脸盆，海洋球

进阶玩法：
夏天的时候，可以把脸盆里装满水，这样游戏会更好玩，难度也更大。

13～15月龄
家庭早教游戏

小球滑滑梯

● **游戏目的：**

认知因果关系
提升空间认知
丰富想象力

● **游戏玩法：**

1. 用简易隧道搭建一个滑滑梯，隧道的一端可以放在矮凳上，在另一端放个小筐或脸盆。把隧道描述成滑滑梯，激发宝宝的想象力，可以对宝宝说："看到这个滑滑梯了吗？"

2. 家长从上端放入海洋球："小球小球，滑下来，小球滑到哪里去了呢？快快帮我捡起来！"让宝宝在出口捡球，鼓励他把球捡起来，放进旁边的小筐子里。

3. 交换玩法，"现在轮到宝宝带小球球坐滑滑梯了"。让宝宝自己放球，从另一个位置感受小球位置的变化。

● **技能贴士：**

宝宝通过看一看、捡一捡小球，可以提高手眼协调和反应能力。如果宝宝状态好，可以增加小球的数量，对他说："现在有两个小球要过来咯。"

玩耍过程中，可以多次说："小球，小球，滑下来！"帮助宝宝理解语言信号。

这个游戏能让宝宝感受高和低，认识到东西可以从高的地方滑到低的地方。

道具准备：
隧道，矮凳，小筐，海洋球

13～15月龄
家庭早教游戏

游乐场真好玩

● **游戏目的：**

训练模仿能力
　　身体协调能力

● **游戏玩法：**

1. 给宝宝看摩天轮、摇摇椅、秋千等游乐设施的图片，然后对宝宝说："我们一起来玩吧！"

2. 爸爸站起来，伸直双臂，举着宝宝360°旋转，边玩边念："幸福的摩天轮转呀转，转呀转！"

3. 爸爸妈妈一起模仿秋千，把宝宝荡高高，边荡边念："小秋千，晃呀晃！"

4. 爸爸坐在沙发上用双腿模仿滑滑梯，让宝宝从你的腿上滑下来，边滑边念："高高的滑滑梯，哧溜哧溜滑下去！"

● **技能贴士：**

　　这个游戏通过肢体动作模仿各种游乐设施，家人一起，用身体合作，让宝宝在家也能体验逛游乐场的快乐。

　　其实只要爸爸妈妈在身边悉心地陪伴，哪里都是孩子最安全、最温暖的游乐场。

道具准备：
游乐设施图片

13 ~ 15 月龄
家庭早教游戏

积木堆堆堆

● **游戏目的：**

提高手眼协调能力
手部控制能力

● **游戏玩法：**

1. 准备4块颜色不一样、大小不一样的积木，对宝宝说："我们来搭一座房子好吗？"

2. 引导宝宝自由搭建，发挥想象力，用不同的方式去搭建积木。

3. 搭好之后还可以用小玩具爬一爬房子，锻炼手眼协调能力。

● **技能贴士：**

1岁以后，多玩搭积木的游戏，鼓励宝宝自由地搭建，不仅能够充分发挥宝宝的想象力，还能发展他们的手部控制能力和手眼协调能力。

垒高高是建构游戏的初级玩法，好玩又有趣，还可以建立基础的空间概念，为以后搭积木、雪花片或者搭乐高打好基础。

道具准备：
颜色、大小不一的积木

187

**13～15月龄
家庭早教游戏**

形状配配对

● **游戏目的：**

训练形状认知
　　手眼协调能力
　　解决问题能力

● **游戏玩法：**

1. 教宝宝认不同形状的积木，告诉他："这是三角形""这是正方形"。宝宝熟悉之后，也可以考考他："请把圆形的积木拿给妈妈！"

2. 认识了各种形状之后，可以和孩子一起玩形状配对积木，当宝宝成功把积木放进对应小孔里时，记得要鼓励他。

3. 如果宝宝反复失败，产生了气馁情绪（哭闹、扔掉玩具都是正常的），可以握着宝宝的小手和他一起玩，帮助他多次练习，熟能生巧。

● **技能贴士：**

小宝宝都很喜欢玩形状配对游戏，它不仅能让宝宝学会分类和辨别形状，还可以促进精细动作和手眼协调能力的发展，有助于宝宝学习使用叉子、汤匙和各种玩具。

爸爸妈妈们还可以利用日常生活的场景教宝宝认识各种图形，比如桌子是长方形的，锅是圆形的，三明治是三角形的……宝宝会因为认识了这些形状而特别有成就感，进而去探索更多。

道具准备：
形状配对积木

13～15月龄
家庭早教游戏

家务活儿，很有趣

● **游戏目的：**

训练身体协调能力
模仿能力
社交能力

● **游戏玩法：**

1. 当你在打扫房间，比如用扫把扫地或者用抹布擦桌子的时候，可以也给宝宝一个扫把或抹布，让他学着你的样子打扫，共同做家务。

2. 在生活中，也可以让宝宝做其他力所能及的事情，比如把自己换下来的尿不湿扔进垃圾桶，或者外出时叫他把鞋子拿给你。

● **技能贴士：**

其实，从宝宝能走会爬、手部的抓握比较有力、可以听懂简单指令的时候，就可以把一些基础的家务教给他了。让宝宝从小做家务的目的并不是给父母减轻负担，而是锻炼宝宝的各种能力，自信心、秩序感、责任心，都可以通过做家务来培养。

189

13～15月龄家庭早教游戏

快乐的阅读时光

● **游戏目的：**

提高理解能力
　　语言能力
　　　　精细动作能力

● **游戏玩法：**

1. 让宝宝坐在你的腿上，选一本他喜欢的绘本，一边指着书上的图画一边读给他听。

2. 读绘本时，可以根据宝宝现有的理解能力和语言表达能力，提一些小问题，比如："你最喜欢的小兔子在哪里，可以找给我看一看吗？"让宝宝自己翻书，把相应的故事情节找出来。

3. 还可以为宝宝准备一些立体书或者洞洞书，让宝宝用小手去探索书里的机关。

● **技能贴士：**

这个月龄的宝宝，手部精细动作的能力越来越好，当他的双手能够越来越灵活地操纵玩具和图书时，他会欣然接受一个新挑战——有趣的立体插页书。在他翻开插页的过程中，灵活的手指能给他带来惊喜。

他的听力技能也在提高，阅读中的互动和回应有助于他掌握轮流说话的概念。当宝宝被故事吸引时，倾听能力自然而然得到锻炼，专注力和理解能力也得到了提高。

道具准备：
绘本，立体书或洞洞书

13～15月龄
家庭早教游戏

去钓鱼啰

● **游戏目的：**

提升认知能力
精细动作能力
专注力、想象力

● **游戏玩法：**

1. 给宝宝示范一下如何钓玩具鱼，对宝宝说："我们一起来钓鱼吧，你看，池塘里有好多鱼，还有螃蟹和乌龟。"

2. 让宝宝自己去尝试，把钓到的小鱼放在小桶里，最后一起来数一数，一共钓了多少条鱼，让宝宝体验成就感。

3. 宝宝熟练以后，可以和宝宝一起比赛，增加游戏的乐趣。

● **技能贴士：**

这是一个锻炼手眼协调的好游戏，可以增强宝宝对手指和整个手部肌肉的控制能力，让他更精准且专注地探索玩具和其他物体。对这个月龄的宝宝来说，这个假想游戏可能还稍微有一点难度，但也充满了挑战和乐趣。它会让宝宝乐此不疲，促进宝宝想象力和创造力的发育，而创造力在宝宝逐渐长大的过程中有助于解决问题。

道具准备：
玩具鱼，磁性钓鱼竿，小桶

**13 ~ 15月龄
家庭早教游戏**

小袜子找朋友

● **游戏目的：**

提升视觉分辨能力
　　分类能力
　　语言能力

● **游戏玩法：**

1. 将几双颜色不同的袜子错开排列在地上，拿起一只蓝色的袜子，对宝宝说："能帮妈妈把另一只蓝色袜子找出来吗？"

2. 如果宝宝能够正确找到另一只蓝袜子，记得鼓励他，再让他尝试给其他颜色的袜子配对。

3. 如果宝宝还不能熟练地找出另一只蓝色袜子，家长可以握着宝宝的手和他一起找，并且告诉宝宝："蓝色，这是蓝色的袜子。"多尝试几次，给宝宝试错的机会。

● **技能贴士：**

　　这个月龄的宝宝开始对颜色变得敏感，但还不能准确识别不同的颜色，他也许会指着所有颜色都说"蓝色"。给袜子配对能够很好地利用宝宝对颜色的兴趣，进一步强化他识别色彩的能力，将具有相同属性的东西归类，还能训练他的思维能力。家长可以拿着同色的袜子不断重复颜色名称，扩大宝宝的词汇量，还可以问他："这是谁的袜子呀？"观察宝宝如何回答。

道具准备：
不同颜色的袜子

13 ~ 15 月龄
家庭早教游戏

我是神射手

● 游戏目的：

提升协调能力
　　大运动能力

● 游戏玩法：

1. 准备 1 个球和几个空的矿泉水瓶，把矿泉水瓶排成一排，家长和宝宝一起站在离矿泉水瓶半米远的地方，家长先给宝宝示范用手扔球和用脚踢球两种方式，来击中矿泉水瓶。

2. 把球交给宝宝，让宝宝学着你的样子，用扔或踢的方式击倒矿泉水瓶。当宝宝击中目标，记得为他鼓掌哦。

3. 宝宝熟练这个游戏之后，可以适当地把瓶子放远，增加游戏难度。

● 技能贴士：

宝宝喜欢玩球，父母要抽时间经常和宝宝玩一玩球，训练宝宝上下肢的协调性。

鼓励宝宝用双手向某一个目标投球，能够增强宝宝的手眼协调能力、平衡能力和方位感。

鼓励宝宝不扶靠，独立地向着前方把球踢出去。如果球的方向不太偏，就算是踢不中目标，对这个月龄的宝宝来说也是很棒的。

道具准备:
小球，矿泉水瓶

193

19 家庭早教小锦囊

做家务的好处

要养出一个独立自信的宝宝，最基本的原则是：不要事事代劳。做家务让他们有更多机会面对和解决问题，提高自理能力并培养责任感和家庭观念。那么可以让宝宝帮忙做点什么呢？

1. 扔纸尿裤

只要宝宝能完成捡、走、丢的动作，就可以让他尝试做这件事。一开始父母要先带着宝宝丢几次，很快他就能记住要丢到哪里了。

2. 把脏衣服放进篮子里

准备一个小篮子，专门用来放宝宝的脏衣服。可以在给他洗完澡后说："宝宝，你的脏衣服要丢到哪里去呀？"然后教宝宝把脏衣服丢进篮子里。

3. 收拾玩具

给宝宝准备一个方便收纳的箱子，用游戏的方式吸引宝宝收拾玩具，比如可以对宝宝说："玩具陪宝宝玩了这么久，要休息啦，我们一起送它们回家吧。"

4. 除灰

打扫时，在宝宝的手上套一只袜子，然后让他去矮柜、茶几上打扫灰尘。记得确保这些家具的表面是安全的，不会弄伤宝宝。

5. 拖地

这个年纪的宝宝最爱模仿了，看到父母拖地，他也会跃跃欲试。给他一把拧干的轻便拖把，然后教他怎么拖，不要在意细节，让宝宝自己折腾吧。

6. 摆放物品

购物后和宝宝一起摆放买回来的物品，一边聊天一边教他分类的技巧。不要觉得宝宝是在捣乱，凡事都是从"帮倒忙"开始的，放手让孩子去做吧。

16~18

你的 16~18 月龄宝宝

16~18 months

16 ~ 18 months
你的 16 ~ 18 月龄宝宝

现在，宝宝会爬、会走、还会说——虽然偶尔才能蹦出一个词儿。

会走路以后，宝宝会尝试转圈、原地打转、后退等各种新的走路技能，走路稍微稳当后，宝宝就准备好学跑了。

在公园、游乐场，宝宝不愿意再坐推车，变身两腿动物的小孩就像开足了马达一样横冲直撞。他走得还不算稳，时不时还会摔倒，不过他已经对摔倒没有那么多恐惧了，只要没有受伤，他会立刻起身，继续他的探索。

这个阶段，宝宝的语言还是以单字的叠词为主，比如"爸爸""妈妈""杯杯""兔兔"等。开口初期，宝宝的很多发音还不准确，会闹出不少有趣的笑话。虽然他已经知道很多词语的意思了，但表达能力还远远没有跟上，有时候会因为说不出来而着急哭闹。

1岁半的宝宝，对时间还没有概念，在他的世界里，想要一件东西就是马上、立刻得到。如果你跟宝宝说等一会儿，他是没办法理解的。不过，宝宝对自己想要的东西总是"马上"，对父母的指令却总会双标。如果宝宝正在玩积木，父母要让他去洗澡，那就得花点心思了。用定时器和沙漏是不错的选择哦。

[16～18月龄宝宝
重点发育技能]

说话

这个年龄段，宝宝已经能够开口说话了。不过，他们的表达能力依然有限，大多数宝宝只能说2～3个简单的词语（大多是名词），并且只能一个词一个词地往外蹦。

不过，宝宝的理解能力要比表达能力强很多，虽然还不能准确表达出来，但他们已经能理解很多名词以外的其他词汇了，比如"烫""穿""脱"等。

宝宝的语言能力是通过日常积累慢慢显现出来的，我们和宝宝交流得越多，用的词汇越丰富，那么宝宝也就越能拥有更好的语言表达能力。

在学说话初期，父母都会模仿婴儿语和宝宝沟通，婴儿语抑扬顿挫，可以很好地帮助宝宝掌握语调、语气等表达技巧。不过现在，随着宝宝理解力的提升，父母和宝宝的交流就不用太过婴儿化了，我们可以用更正常的语调和宝宝沟通，让宝宝感受更多语调和语气的微妙变化。但要注意的是，和宝宝说话依然要放慢语速，不时停下来，让宝宝理解消化，不要一直说个不停。

在宝宝学习语言、增加词汇量的阶段，我们可以通过唱儿歌、读绘本、玩文字游戏等方法慢慢拓展宝宝的表达边界，比如帮助宝宝把句子越说越长、表达情绪和感受等。

[16～18月龄 宝宝的能力发展自测]

应该掌握的技能
（大多数宝宝能做到）

- 用单字词表达自己的需要
- 乱写乱画
- 用杯子喝水
- 指着自己想要的东西（18个月龄）
- 拉脱手套或袜子
- 自己坐小凳子
- 弯腰捡东西

正在发展中的技能
（一半宝宝能做到）

- 用两块积木搭宝塔
- 跑和倒退走
- 用汤勺和叉子
- 问身体某个部位时能指出来

高级的技能
（只有少数宝宝能做到）

- 脱（简单的）衣服
- 给娃娃"喂吃的"
- 向前踢球
- 完成两个步骤的指令

16～18月龄
家庭早教游戏

枕头升降机

● 游戏目的：

提高身体协调能力
　　平衡能力
　　空间感知能力

● 游戏玩法：

1. 准备一个枕头，爸爸托起宝宝，升高，然后降落，让宝宝腹部朝下，降落在枕头上。

2. 爸爸再次托起宝宝，告诉宝宝："我们要升高了！"同时，妈妈在第一个枕头上叠加另一个枕头，爸爸让宝宝再次落下，并告诉宝宝："我们要降落了！"

3. 通过不断叠加枕头，让宝宝感受"升高""降落"的乐趣。

● 技能贴士：

这个游戏通过家里的枕头和爸爸妈妈之间的合作，模拟游乐场里的"升降机"，除了让宝宝感受到"高""低"的空间变化之外，还能锻炼宝宝的平衡能力，促进宝宝前庭觉发育。宝宝小的时候，可以趴在枕头上玩，大一点可以坐或站在枕头上玩，爸爸妈妈在旁边扶稳宝宝，做好防护就好了。

道具准备：
枕头

16～18月龄
家庭早教游戏

小脚夹球

● **游戏目的：**

锻炼下肢力量
　　脚眼协调能力

● **游戏玩法：**

1. 让宝宝光脚坐在矮凳上，把脚旁边的沙滩球夹起来，放到妈妈手上。

2. 宝宝躺在地垫上，把球放在宝宝的双脚之间，让宝宝夹紧球，双腿高举把球递给妈妈。

3. 可以用其他不同材质的小物品玩这个游戏，比如毛绒娃娃、塑料瓶等，让宝宝光脚来夹，增加脚部的触觉刺激。

● **技能贴士：**

这个游戏可以锻炼宝宝的下肢力量和脚眼协调能力，还能刺激脚部的触觉发育。1岁以后，宝宝的下肢力量得到很大的增强，他们躺在床上的时候，很喜欢把脚举得高高的，你可以多跟宝宝玩小脚夹球的游戏。玩之前，家长可以先做示范，然后和宝宝一起玩。宝宝刚开始玩时，动作有些笨拙，有的宝宝只会坐着夹，有的只会躺着夹。多玩，宝宝就会越玩越好。宝宝坐着夹球时，注意要扶稳宝宝。

道具准备：
矮凳，沙滩球

16～18月龄
家庭早教游戏

豆豆搬运工

● 游戏目的：

训练精细动作
　　手眼协调能力

● 游戏玩法：

1. 让宝宝用勺子把一个碗里的小豆豆运到另外一个碗里，注意不要让豆豆从勺子里掉下来。

2. 当步骤1熟练后，可以把碗换成小冰格，让宝宝把豆豆从碗里运到小冰格里。

● 技能贴士：

　　这个游戏非常能够锻炼宝宝的精细动作，宝宝也许一开始会从勺子里撒下几个小豆豆，越玩越熟练之后，慢慢撒出来的豆豆会越来越少。这个游戏能够锻炼宝宝用勺子的能力，自主进食能力也会越玩越好。

道具准备：
勺子，豆子，小碗，冰格

16～18月龄
家庭早教游戏

定向投球

● **游戏目的：**

提高身体平衡能力
方向感、空间感

● **游戏玩法：**

1. 让宝宝站立不动，将沙滩球分别投向正前方和左右侧不同的方向。

2. 鼓励宝宝用左右手反复练习不同方向的投掷。

3. 不扶宝宝，请宝宝站稳后独立将球踢向前方。

● **技能贴士：**

定向投球时，宝宝要原地站立，举球过肩，向前方或侧方将球使劲抛出去。宝宝投球时双脚经常移动，妈妈要扶着宝宝的腿站立不动，使宝宝只能原地转身，调整投球方向。爸爸也可以参与这个游戏，站在宝宝的一侧，让宝宝把球投给你。

道具准备：
沙滩球

春天的草地真美

● **游戏目的：**

训练手指精细动作
视触联合训练专注力
艺术启蒙

● **游戏玩法：**

1. 引导宝宝用食指蘸上绿色颜料，在白纸上从上到下画一些短线做小草。

2. 再用不同的手指分别蘸取不同的颜色，在草地上点出花朵做装饰。把宝宝的手指擦干净，一起欣赏美丽的青草地。

技能贴士：

如果不经家人引导，宝宝一般是自由涂鸦。家长要引导宝宝控制线条的方向，从上向下用手指画小草。当宝宝有意无意地画出竖线或斜线的时候，要及时给予肯定："哇，好漂亮的小草！"鼓励宝宝有意识地画竖线。宝宝的专注力有限，画几根小草，点几个花朵即可。18个月前的宝宝通常只关注涂鸦时的纯肌肉运动和对颜色的感官体验，很少去留意自己画的内容，家长可以加以引导，让他学会欣赏自己的作品。

道具准备：
白纸，颜料

16～18月龄
家庭早教游戏

情绪娃娃

● **游戏目的：**

训练手指精细动作
艺术启蒙
情商启蒙

● **游戏玩法：**

1. 将白卡纸剪成多个圆形，贴在硬纸板上。在卡纸上画出代表开心、难过、生气等情绪的表情，并教宝宝识别这些情绪。

2. 用水彩调出不同的颜色，给宝宝示范，不同的颜色象征着不同的情绪。

3. 让宝宝学着给不同的表情涂上各自的象征颜色。

● **技能贴士：**

　　1岁半左右的宝宝由于自我意识慢慢萌芽，在现实生活中也会出现生气、开心、伤心等情绪。这个游戏可以让宝宝学习感知自己的情绪，并用语言和绘画表达出来。在给宝宝玩这个游戏的时候，还可以配合绘本阅读，比如在经典情绪认知绘本《我的情绪小怪兽》里，作者就把不同的情绪设计成不同颜色的小怪兽，家长可以先和宝宝一起读一读绘本，然后再来玩这个艺术启蒙游戏。

道具准备：
白卡纸，硬纸板，颜料

16～18月龄
家庭早教游戏

彩色毛毛虫

● **游戏目的：**

艺术启蒙
提升想象力
色彩认知、形状认知

● **游戏玩法：**

1. 拿出一张白色卡纸，家长先画上毛毛虫的眼睛、嘴巴和触角。

2. 家长把3～4个卫生纸卷纸筒涂上不同的颜料，示范用蘸了颜料的卷纸筒在卡纸上拓印，可以叠加或者多次拓印。

3. 鼓励宝宝选择自己喜欢的颜色，尝试拓印毛毛虫的身体，并补充上细节，一条可爱的彩色毛毛虫就画好了。

● **技能贴士：**

18个月的宝宝手部的控制能力越来越好，也喜欢自由涂鸦，虽然还不能准确地辨认颜色，但是对颜色认知很有兴趣，父母可以带着宝宝用五彩的颜料玩一些艺术启蒙游戏，能帮助宝宝感知和认识不同的颜色。除了图片上的示范，还可以引导宝宝联想和创作更多有趣的造型，联想的过程可以很好地激发宝宝的创造力和想象力！

道具准备：
白卡纸，颜料，纸筒

16 ~ 18 月龄
家庭早教游戏

踩影子

● 游戏目的：

提高身体感知能力
　　手眼协调能力
　　理解能力

● 游戏玩法：

1. 阳光充足的户外，可以看到家长和宝宝投在地面上长长短短的影子。家长先带着宝宝认识自己的影子，再让他转身，向四周走动，看看影子发生了什么变化。

2. 告诉宝宝："这是爸爸的影子，那是宝宝的影子。"妈妈先踩一下爸爸的影子，给宝宝做示范。然后，爸爸妈妈带着宝宝一起，互相踩影子玩。

3. 可以让宝宝摇摇头、摆摆手、踢踢脚，自己感知不同的身体部位的影子是什么样子的，比一比大小。

● 技能贴士：

　　这个户外游戏可以带宝宝在玩耍中了解光和影的关系。宝宝们喜欢追逐、奔跑，"踩影子"游戏除了可以让宝宝在开心的追逐中锻炼奔跑和躲闪的能力，提高动作敏捷性和观察能力，还能让宝宝呼吸新鲜的空气，锻炼心肺功能。

16 ~ 18月龄
家庭早教游戏

寻找小恐龙

● **游戏目的：**

提高身体协调能力
语言理解能力
规则理解能力

● **游戏玩法：**

1. 寻找一处草地，把几只恐龙玩具和一个恐龙蛋分别撒在草地上的不同地方，扔的时候带着宝宝一起观察。

2. 家长蹲下来对宝宝发出指令："宝宝，我们一起去把小恐龙找出来吧。"然后让宝宝自己去找出来。

● **技能贴士：**

这个游戏能很好地锻炼宝宝的手眼协调能力，在绿油油的草地上寻找玩具比在家里客厅或地板上找东西的难度更大，这就要求宝宝具备更好的观察能力和思考能力。可以逐步增加玩具的数量，培养宝宝对数字的敏感。

道具准备：
恐龙玩具，恐龙蛋

家庭早教小锦囊 20

为什么要鼓励孩子玩假装游戏

2~6岁期间，假装游戏是孩子扩展认识技能和学习社会文化的主要途径。

大约1岁半，假装游戏就出现了。开始孩子只会用真实的物品来假装；2岁以后，他们就很少用真实的物品来假装了，而是会用一个积木来假装是电话听筒，渐渐地，即使没有真实的物品和情境，他们也能够灵活地想象物体和事件。这是孩子想象力发展的一次飞跃。

2岁半后，孩子会开始和他人一起玩假装游戏。起初他们还需要父母的引导和参与，但很快，他们就学会了如何与同伴一起玩假装游戏。在游戏扮演中，他们会慢慢学习计划安排、团队协作、沟通交流等重要的社会交往技能。

很多研究都已经证实，假装游戏能提高孩子多方面的心智能力，包括持续注意力、记忆、逻辑推理、语言和读写能力、想象力、创造力，以及反映自己想法和观点的能力。

那么，父母应该如何鼓励和参与孩子的假装游戏呢？

1. 提供足够的空间和游戏材料，让孩子拥有更多的选择，厨房玩具、积木、汽车玩具等都是很好的假装游戏材料；

2. 孩子玩假装游戏时，父母可以从旁协助，提供简单的引导，但不要过度参与和控制；

3. 多带孩子参加真实世界的活动，让孩子有机会观察真实的社会经验，丰富他们的假装游戏；

4. 引导孩子多和其他小朋友一起玩假装游戏，让孩子慢慢学习团队协作；

5. 当孩子们在玩游戏时产生冲突，帮助他们学会解决同伴之间的矛盾。

Chapter 4

第四章

18~24月龄的宝宝

18 ~ 24 months
18~24 月龄的宝宝

18~24 月龄成长关键词：自我意识诞生了

Hey！转眼间，宝宝就要迈入 2 岁了。

你有没有发现，这个句子的表述和以前不太一样呢？

没错，从这个章节开始，我们会将计算年龄的单位从"月龄"改为"岁"。

之所以有这样一个小小的变化，是因为我们想郑重地提醒正在阅读此书的父母：18 月龄以后，宝宝的发育进入了新的阶段，是时候换一种眼光和心态对待眼前这个小家伙儿了。

"叛逆"的孩子？

在宝宝 18~24 月龄时，大多数父母心里都会有个疑问：宝宝怎么好像变了个人？眼前的这个小孩，他刚刚学会了直立行走，虽然走得跟跟跄跄，偶尔还会摔倒，但"闯祸"的能力却是很见长。

不仅从行动上大人更难捉到这个从四条腿变成两条腿的小家伙儿了，大多数的父母还会发现，宝宝的"脾气"好像也随着身体的成长变大了。

他会因为早上穿了一件红色的上衣而大哭不止，也会因为无法吃到餐盘里的豌豆突然崩溃。

甚至很多时候，孩子哭闹的原因，连最亲近的照料者都搞不清楚。

不仅哭闹的频率在提高，宝宝哭闹持续的时间也会变长，激烈程度也会更高。他可能因为任何一件不起眼的小事，开始释放他惊人的能量，直到把你所有的耐心都消耗完。

这场耐心消耗战，会在孩子学会说"不"后，更频繁地爆发：

天气变凉，可是他就是跟裤子过不去："不，不穿裤子！"

妈妈要带他进浴室，他大声嚷嚷："不要洗澡！不要刷牙！"

宝宝似乎品尝到了跟父母对着干的乐趣，坚决不放过任何一个投"反对票"的机会。

他还无师自通地学会了打人、咬人、抓头发、吐口水等"不文明"的新鲜技能，一有机会就会兴冲冲地露一手，干完还会冲你天真无邪地咯咯直笑，完全无视父母的"禁令"。

从前的甜蜜时光不再，父母经常会在一场哭闹持久战后，开始怀疑人生：这是我的孩子吗？很多育儿专家会将这个短暂的混乱期，称为宝宝的"叛逆期"。还有一些观点认为，这个阶段的宝宝会通过发脾气来"控制"父母，达到自己的目的。

从父母的角度看，这样的观点完全说得通，但对孩子来说，这样的定义或许并不公平。以上种种场景，都是父母的所思所感，那么从孩子的视角，这些场景又是怎样的呢？

孩子的世界

心理学家迈克尔·刘易斯曾经做过一个非常经典的实验。

实验中，研究人员把宝宝放在一面镜子前，过一会儿，让宝宝远离镜子，并在宝宝不知情的情形下，在他的鼻子上点一个小红点。之后，再让宝宝回到镜子前面，观察宝宝的反应。

实验发现，15个月大的宝宝，还只对镜子里的小红点感兴趣，可是到了1岁半，宝宝会试着摸自己鼻子上的小红点，而不是镜子里的。

这是一个令人兴奋的信号：宝宝开始有自我意识了。

这是宝宝成长发育过程中一个重要的里程碑。

自我意识的出现，让宝宝慢慢认识到，自己的身体和意志是独立于父母存在的，此时的宝宝会开始更在意自己和父母的不同。

宝宝频繁地说"不"，并不是故意和父母对着干，而是不断确认一件事：我是独立的。

自我意识的萌发，不仅会催生独立意识，还会激发宝宝的独立行为。他想要自己吃饭、自己穿衣，但在这个年纪，宝宝的身体发育是远远落后于大脑发育的，这导致独立的愿望在现实世界里总是受挫，尤其是宝宝学会走路后。

学会直立行走后，宝宝探索的范围和内容空前扩大，父母可能无法想象，自己习以为常的世界，对宝宝来说，究竟有多复杂、多惊险。

他才刚学会摇摇晃晃地走路，小手也不够有力量，当他想用小勺子把豌豆放进嘴里时，却发现勺子太重，手也不听大脑的指挥，只能眼睁睁看着豌豆从餐盘滚到地上。

他想摸一摸墙上的小洞洞，可是妈妈一把就把他拎走，还板着脸说：有电，不能碰，危险！可是，宝宝根本不明白"电"是什么。

这样的挫败感宝宝每天都会遇到不少。

当父母以为，宝宝只是因为吃不到豌豆哭闹时，可能他已经承受了10次结结实实的"挫败"了，豌豆是最后一根稻草而已。

这才是宝宝的真实世界。

爱发脾气、咬人、打人、吐口水是这个发育阶段宝宝表达自我的方式，在学会正确表达感受前，宝宝都会经历这个过渡阶段。

故意跟父母对着干、用哭闹控制父母，只是父母的过度解读，以1岁半到2岁宝宝的大脑发育水平，他们根本没有能力实施这样的"计谋"。

有了对宝宝真实的理解，才能带着轻松的心态，进入下一个阶段：引导和管教。

讲道理为什么没有用？

在这个阶段，宝宝爱发脾气不是坏事，它是一个强烈的信号：宝宝遇到了一些难题，需要帮助。

为了帮助宝宝克服发育过程中的难题，父母不仅需要引导宝宝养成良好、规律的生活习惯，还要教会宝宝如何适应许多社会化规则。

通常情况下，父母会习惯用成年人的方式解决管教问题：跟宝宝讲道理。可是，用过这个方法的父母会沮丧地发现，无论说多少遍，宝宝好像永远记不住。

其实，这不是宝宝的问题。

首先，情绪崩溃时，宝宝的注意力是缺失的，他根本听不见父母说什么，更别提理解了。

其次，孩子的语言能力有限，1 岁半的孩子只会说 50 个左右的词语，让孩子理解道理中的逻辑关系，完全超出了他们的能力范围。

到 2 岁时，宝宝会掌握大约 200 个词汇，语言能力的提升，会让宝宝和父母语言沟通变得更有效。但 1 岁半到 2 岁之间，语言是无力的，宝宝们需要的是另外一种沟通方式——游戏。

游戏不仅是宝宝学习新事物的主要方式，也是宝宝的"母语"。通过游戏，抽象的语言会转变为宝宝能够理解的画面。比如：穿衣服可以变成"来，我们一起来玩穿山洞啦，手先来还是头先来呢"；宝宝不愿意刷牙时，可以讲个小故事，"我们要打败牙细菌啦，它们在你牙齿里搭帐篷呢"。

父母也可以将一个任务，变成一个选择游戏。

天气变凉，需要宝宝穿长裤时，把"今天要穿长裤"的命令式语言，转变为"你是想穿牛仔裤，还是运动裤"，宝宝就会更倾向于配合。

父母或许会怀疑，这么简单的小伎俩，真的管用吗？

其实，道理很简单，在宝宝脑海里，还没有目标和任务的概念。成年人经过了长久的训练，能够理解目标和现实之间的逻辑关系，也就有了足够的动力去完成任务。

可是，在宝宝的大脑里，逻辑并不存在，目标也就无法转化为行动的驱动力，这个时候游戏本身带来的乐趣，就充当了完成任务的动力。

通过游戏，父母能达到管教的目的，宝宝则能从玩耍中获得参与感、掌控感，满足自我意识发展的需求，慢慢建立自主性。

当然，游戏只能解决部分问题。在这个特殊的阶段，父母依然会经历不少"束手无策"的崩溃时刻，这是非常非常正常的，不是只有你在面对这样的困境，每一对父母都要经历这些时刻。

[18~24 月龄宝宝能力发展]

大运动发展

学会直立行走以后，宝宝开始尝试转圈、抬脚、跺脚、弯腰、下蹲等动作；19～21月龄之间，宝宝会在父母的帮助下，习得双手举起过肩扔球等大运动能力；22～24月龄，大部分宝宝将学会原地跳、小跑、骑三轮车。

早教小建议： 这个阶段，父母可以尝试让宝宝接触球类运动。踢球、扔球、接球等动作，不仅可以帮助宝宝锻炼肌肉的控制力，还可以锻炼宝宝的平衡感和手眼协调能力，为他们下一步的运动发展做好准备。

精细动作发展

18个月左右，他们会用手在白纸上用力涂抹。19～21月龄之间，宝宝对手部肌肉的控制力更强了，他可以把五六个积木叠在一起，也能够把一根硬度相当的线，穿过珠子的孔（孔的直径在0.5厘米以上）。22～24月龄，宝宝的小手能以抓握的方式拿起蜡笔，画出简单的线条，比如直线、曲线等；经常陪宝宝看绘本的父母会发现，宝宝学会独立翻书了，和以前的乱翻不同，他现在懂得了逐页翻书。

早教小建议： 当孩子能够在白纸上涂抹时，父母就可以给孩子做一些艺术启蒙了，用颜料画画、认识颜色、用秋天的树叶做手工都是不错的选择。

认知发展

18~24月龄的宝宝已经能够找到被藏起来的物体，是这个阶段宝宝的重大认知进步；大约 18 个月，宝宝开始参与假装游戏，扮演日常和想象活动，比如给玩具熊洗澡、给爸爸打针等，这是宝宝认知能力发育的里程碑；宝宝还学会了分类，开始有意识地把物品分为两个类别，开始初步表现出对秩序的欣赏，这时父母可以和宝宝多玩各种分类游戏。

早教小建议：现在，宝宝在说和做之前会先思考，这些进步会让你和宝宝的相处更愉快，也更有挑战性——他开始有自己的想法，不那么"好骗"了。

语言能力发展

18~24 月龄，宝宝的语言能力会迎来一次大爆发，词汇量会从 50 个增加到 200 个左右。不过，宝宝的语言能力依然有限，他的表达还是一种简单的"电报语"；能回答简单的问题，比如常见物品（笔、碗、凳、球等）的用途；能在红、黄、蓝、绿四种卡片中认出红色，并且能说两句以上的儿歌。

情绪和社会化发展

自我意识出现后，宝宝开始拥有人类的第二套高级情感，包括嫉妒、羞怯、自豪、内疚和窘迫，这类情绪也被称为自我意识情绪。之前，宝宝的情绪比较简单，主要是 4 种——快乐、愤怒、悲伤和恐惧。嫉妒的情感大约会在宝宝 3 岁时出现。

这个阶段，宝宝还会察觉出他人的情绪反应可能和自己不同，开始出现早期的移情迹象，比如妈妈不小心撞到了，宝宝会跑去帮妈妈吹吹。

早教小建议：自我意识情绪出现后，宝宝会有一段情绪动荡期，但随着语言能力的发展，宝宝谈论情感的词汇会迅速丰富，能够准确表达感受后，宝宝的情绪自我调节能力也会变好。

18～24月龄
家庭早教游戏

自己上下楼梯

● 游戏目的：

训练身体感知能力
　　手眼协调能力
　　理解能力

● 游戏玩法：

1. 家长稳稳地牵着宝宝的一只手，和宝宝一起上下楼梯。有的宝宝比较谨慎，会把两只脚踏在同一层楼梯上，然后再继续前进，也有的宝宝则大胆得多，会一脚跨越两级台阶。

2. 宝宝积攒了信心以后，让宝宝练习自己用手抓住楼梯栏杆上下楼梯，家长不需要帮助宝宝，但是要离宝宝近一点，在宝宝失去平衡的时候，能够及时帮助他。

● 技能贴士：

　　爬楼梯需要宝宝有足够的协调能力和平衡能力，对于逐渐独立的宝宝，上下楼是一项关键的运动技能，宝宝必须运用平衡能力和同步运动能力才能顺利地上下楼梯。

18～24月龄
家庭早教游戏

植物的秘密

● **游戏目的：**

训练观察能力
　　语言能力
　　认知能力

● **游戏玩法：**

1. 带宝宝观察公园里的各种树木，让宝宝用手摸一摸树皮的纹路。可以将纸贴紧树皮，用蜡笔拓印下树皮的纹路。还可以尝试去触摸和拓印不同的树皮，比较它们的纹理。

2. 和宝宝一起观察草地上的叶子和花，可以让宝宝自由地感受，也可以让宝宝搜集不同的树叶，比较它们的形状、颜色、大小和触感。带一些盒子，把这些东西装起来。

3. 回到家可以把收集好的东西做成手工，把各种叶子和花用双面胶或者固体胶粘在硬纸板上，做成一幅手工画。

● **技能贴士：**

　　孩子天生就是个观察家，带他到户外观察植物，了解五彩缤纷的大自然，能帮助孩子打开感官，提高他的观察能力，让他对形状、颜色、触感有更敏锐的认知。需要提醒家长的一点是，当宝宝专注地研究时，我们要尊重宝宝的节奏，不要打扰他，让他按照自己的节奏和方式探索，这样可以提高孩子的专注力。

18～24月龄 家庭早教游戏

好玩的传声筒

● **游戏目的：**

训练声音感知能力
社交能力

● **游戏玩法：**

1. 在 2 个纸杯的底部各穿一个小孔，用一条长约 60 厘米的线将它们串起来。家长和宝宝各拿一个杯子，引导宝宝把杯子放在耳朵上，并对宝宝说："我们来打电话吧！"

2. 家长把杯口贴近嘴巴，大声地喊宝宝的名字，然后观察宝宝的反应。

3. 互换角色，家长把杯子放在耳朵上，引导宝宝把杯子当作电话，发出各种声音。

● **技能贴士：**

提高宝宝的社交能力，对声音产生敏感。宝宝熟悉了这个游戏之后，接下来可以加大难度：在玩的时候转过身，两人彼此看不见，增加声音的神秘性。

道具准备：
纸杯，针线

18～24月龄
家庭早教游戏

树林里的藏猫猫

● **游戏目的：**

锻炼反应能力
　　对声音和方位的判断能力

● **游戏玩法：**

1. 找一片小树林，告诉宝宝："我们来躲猫猫吧，你躲在树后面，爸爸妈妈来找你！"背对着宝宝从10倒数到1，宝宝利用这段时间躲在树后面。

2. 家长可以多找几次，最后找到宝宝，并在发现的那一刹那惊喜地说："哇，找到你了！"

3. 互换角色，让宝宝来找藏起来的家长。记得在宝宝找了一两分钟后发出声音，来提醒宝宝自己的位置。

● **技能贴士：**

藏猫猫是宝宝永远玩不腻的游戏，它不仅能让宝宝感受游戏的乐趣，还能让宝宝体验短暂的分离和重新团聚，当妈妈或爸爸的面孔重新出现时，会让宝宝感受到，从眼前消失的人还会再次出现，帮助宝宝减弱对分离焦虑的恐惧。

223

18～24月龄
家庭早教游戏

户外足球真好玩

● **游戏目的：**

训练身体平衡能力
　　协调能力

● **游戏玩法：**

1. 爸爸妈妈和宝宝三个人分成两队，宝宝和爸爸一队，与妈妈相距三五米站立。如果宝宝站得还不是很稳，爸爸可以牵着宝宝的一只手，帮助宝宝保持平衡，引导他用脚把球踢给妈妈。

2. 宝宝会因为用力不足或过猛而把球踢歪，这时让他自己去捡，目的是让宝宝多跑跑。随着宝宝技能的提高，和宝宝的距离可以逐渐拉大，增加难度，比如故意把球踢偏，锻炼宝宝的快速反应能力。

3. 等宝宝熟练掌握踢球动作之后，用呼啦圈做球门，请宝宝站在半米外对着球门踢球，左右腿都要练习。

● **技能贴士：**

踢球场地要选择平坦的地面，最好在土地、草地或者铺有橡胶地砖的地面玩，以防摔伤。要根据宝宝的年龄选球，随着宝宝的长大，球的"个头"也要加大。

宝宝现在学会了踢球，但要踢到特定的地方（如球门），还是有难度，因此近距离定向踢球是当前踢球技能的主要训练内容。

道具准备：
球，呼啦圈

18 ～ 24 月龄
家庭早教游戏

五彩的泡泡

● **游戏目的：**

训练手眼协调能力
大运动能力
触觉刺激

● **游戏玩法：**

1. 准备一瓶泡泡水，和宝宝一起在公园的草地上吹泡泡。家长吹出泡泡后，鼓励宝宝追泡泡、踩泡泡，并在一旁为他欢呼，还可以试着让宝宝吹一吹。

2. 泡泡在阳光下呈现出各种颜色，引导宝宝观察泡泡的颜色。

3. 吹出大泡泡、小泡泡，并让宝宝指一指哪个是大泡泡、哪个是小泡泡。

4. 当泡泡四处飘舞时，可以告诉宝宝什么是"高"、什么是"低"。

● **技能贴士：**

追泡泡、踩泡泡、抓泡泡的游戏可以促进宝宝的手眼协调能力，刺激他的感官发育，培养宝宝身体的协调性，发展大运动能力。而让宝宝试着吹泡泡，又能够让他认识到事物之间的因果关系。此外，踩泡泡的游戏还会让宝宝发现：有些东西稍稍一碰就会破裂，甚至消失。这可是宝宝的第一堂物理课！

在这个过程中，家长可以对宝宝说"吹大大的泡泡""吹了好多泡泡""泡泡飞高高"等与游戏相关的词，帮助宝宝直观地理解"大""小""多""少"等抽象概念。

道具准备：
泡泡水

**18～24月龄
家庭早教游戏**

开心降落伞

● **游戏目的：**

训练平衡能力
　　视觉分辨能力

● **游戏玩法：**

1. 让宝宝坐在降落伞上，然后由家长拉着降落伞走动或者带着降落伞转圈。

2. 爸爸和妈妈一起在宝宝头顶撑开降落伞，上下抖动，让降落伞从宝宝头顶降落，试试他的平衡能力。如果能有哥哥姐姐或者其他宝宝一起来做这个游戏，会更加有趣！

● **技能贴士：**

降落伞游戏有助于增强宝宝的平衡能力，而平衡能力是宝宝学习走路、奔跑和跳跃、翻滚等复杂动作的前提。降落伞质地光滑、色彩鲜艳，容易吸引宝宝的注意。别忘了告诉宝宝降落伞上不同颜色的名称，以此来强化他对颜色的认知。

道具准备：
降落伞

18～24月龄
家庭早教游戏

喂，你是谁呀？

● **游戏目的：**

训练语言表达
自我意识
想象力
社交能力

● **游戏玩法：**

1. 准备一个玩具电话或者是家里不用的旧电话，家长拿起听筒，给宝宝示范打电话。

2. 拿起手机，假装打电话给宝宝，让宝宝把电话听筒拿到耳边，可以根据宝宝的语言能力进行互动："喂，你是谁呀？""你在做什么呀？"

3. 等宝宝熟悉游戏之后，可以让宝宝主动给你打电话，看看他会说些什么，然后跟他进行有趣的对话。

● **技能贴士：**

1岁半的宝宝很擅长模仿，喜欢玩假装游戏，比如模仿爸爸妈妈打电话，做家务。这说明宝宝进入了一个新的认知发展阶段，他的大脑已经建立了抽象思维。

这个游戏不仅能让宝宝学习与人交谈，促进语言和社交能力的发展，还能教宝宝一些基本的社交礼仪，比如"你好，请问你是谁""再见"等。

道具准备：
玩具电话

**18～24月龄
家庭早教游戏**

小巧手，穿珠子

● **游戏目的：**

锻炼精细动作
　　手眼协调能力
　　专注力

● **游戏玩法：**

1. 家长演示如何将绳子穿过珠子，可以边穿边对宝宝说："宝宝，我们来用这些珠子做成一个项链吧，把绳子从小蜜蜂的孔里穿过去，然后再穿下一个，你也来试试吧！"

2. 鼓励宝宝试一试，如果宝宝不会，家长可以握着宝宝的手穿几个，直到宝宝可以自己穿。刚开始练习时，绳子可以选择比较硬的，珠子选择孔大的。

● **技能贴士：**

　　在玩穿珠游戏前，要对宝宝进行安全卫生教育。3岁以下的宝宝，拿到所有东西，都喜欢放进嘴里尝一尝，或塞进鼻孔里闻一闻。玩穿珠前必须告诉宝宝，串珠是用来玩的，不能放进嘴里，或者塞进鼻孔和耳朵里。

　　刚开始要选择一些体积和洞眼较大、颜色鲜艳、较扁平的串珠，绳子选粗硬的玻璃绳、尼龙绳、鞋带等，绳子的长度也

● **道具准备：**
串珠，绳子

不要太长。当孩子掌握了正确的方法和技巧后，可以升级用洞眼小的串珠给孩子穿，绳子也细软一些。

　　等宝宝熟练后，可以鼓励他把串珠穿成各种玩具，如"项圈""手镯""太阳"等，激发孩子的想象力和创造力。

18 ~ 24 月龄
家庭早教游戏

倒水入瓶

● 游戏目的：

锻炼手指精细动作
手眼协调能力

● 技能贴士：

通过这个游戏，可以锻炼宝宝的手眼协调能力以及精细动作的掌控力。

道具准备：
饮料瓶

● 游戏玩法：

1. 找两个口径较大的空饮料瓶，在其中一个空瓶里装少量清水，让宝宝把水倒入另一个空瓶里，尽量不要让水洒出来。

2. 熟练之后，换成口径较小的瓶子，让宝宝再次试着把水倒入另一个瓶子里。

**18～24月龄
家庭早教游戏**

变高变矮

● **游戏目的：**

锻炼语言理解能力
身体灵活性

● **游戏玩法：**

1. 家长说"变高"，然后和宝宝一起踮起脚，举起双手——人变高了许多。

2. 家长再喊"变矮"，和宝宝一起落下双脚，弯腰低头——人又变矮了。

3. 口令由慢变快，或者由宝宝喊口令，家长和宝宝一起表演。

● **技能贴士：**

练习伸展和屈曲身体，使关节、韧带和全身肌肉都得到锻炼，也能帮助宝宝更好地理解"高""矮"的意思，以及"上""下"等空间概念。

18 ~ 24 月龄
家庭早教游戏

小汽车的家在哪里

● 技能贴士：

通过宝宝熟悉的交通工具或者动物入手，引导宝宝玩一些简单的形状匹配游戏，可以锻炼宝宝的精细动作和手眼协调能力，还能锻炼宝宝的逻辑思维能力和形状识别能力，为未来玩更复杂的拼图打好基础。

● 游戏目的：

训练精细动作
　　语言理解能力
　　图形认知能力

● 道具准备：
交通工具主题的拼图

● 游戏玩法：

1. 给宝宝准备一个交通工具主题的木制拼图，考一考宝宝它们分别是什么交通工具。

2. 然后把拼图拿出来，告诉宝宝："小汽车找不到家了，你能帮它找一找家吗？"让宝宝把拼图放回正确的位置。

21 家庭早教小锦囊

为什么现在的孩子更容易近视

幼年孩子的视觉发育还不够完善,他们眼球都是扁扁的,眼球前后轴较短,这个时候的孩子都是有点儿远视的——远视的度数就是远视力储备。

正常的用眼情况下,孩子的眼球会随着视觉发育的成熟慢慢变圆,远视慢慢消失,等视觉发育成熟,孩子就会拥有正常的视力。可是,如果在幼年时期用眼习惯不好,如长期使用电子屏幕、用眼距离过远或过近等,就会导致眼肌紧张。如果眼肌经常处于紧张状态,本来应该扁扁的眼球前后轴线会提前变长,远视力储备被过早消耗掉,近视就形成了。

那么,如何保护孩子的视力储备呢?

1. 不要过早、过度使用电子屏幕;

2. 不在光线过强或过暗的环境中阅读;

3. 近处用眼时,注意用眼距离;

4. 多进行户外活动。

户外活动是延缓眼球前后轴变长的关键措施,户外光线充足,孩子会自然而然地看远处,调节室内用眼疲劳。国家卫生健康委员会认为,坚持充足的白天户外活动对于预防近视和防止近视加重有重要意义。教师和家长应引导孩子积极参加体育锻炼,每天孩子应该开展 2 小时以上的白天户外活动,寄宿制幼儿园不应少于 3 小时。

Tips:如果阳光过于强烈,户外运动时,记得给孩子做好防晒。

家庭早教小锦囊 22

宝宝说话晚、词汇量少，需要干预吗

在宝宝学习语言的早期，词汇量增加的过程并不是匀速的，会有累积期和爆发期。1岁半到2岁通常是宝宝语言的爆发期，宝宝的词汇量会从50个左右提升到200个左右，语句也会从单个的名词，慢慢发展为"宝宝牛奶""小狗叫"这样简单明了的"电报语"。

不过，会有一些身体和运动技能发育较早的宝宝，说话会晚一点。因为宝宝把时间精力都投入身体和运动技能方面，在语言能力上花费比较少。还有一些宝宝缺少开口的机会和环境，语言能力发展也会受到影响，这个时候需要父母引导宝宝多开口。家长可以和宝宝一起玩"语言填空"，在日常说话时，把一句话里的名词空出来，让宝宝自己说出来，比如在给宝宝牛奶时问："宝宝想要什么呀？"

除此之外，父母需要观察宝宝对语言的回应，看是不是有其他的原因影响了宝宝的语言学习：

1. 宝宝能听懂你说的话吗？
2. 宝宝能够按照指令去做事吗？
3. 宝宝能回应你的话吗？
4. 当宝宝想要某件物品时，他的非语言表达是怎样的？

如果宝宝能够理解父母的话，也会对父母的语言做出相应的回应，那么就不必过多担心宝宝的语言问题。

如果父母无法对宝宝的语言发育情况做出判断，最好去专业的机构或医院来评估宝宝的听力和语言能力，如果评估显示宝宝的语言能力发展确实出现问题，那尽早干预非常重要。

23 家庭早教小锦囊

1岁半左右，宝宝为什么会出现睡眠倒退

自我意识萌发后，宝宝会逐渐意识到自己和这个世界以及他人是分离的，这个感觉对宝宝来说是很陌生的，会引发他们轻微的焦虑，让部分宝宝出现短暂的睡眠问题，比如入睡困难、夜里惊醒、黏人等。

这是这个发育阶段的正常现象，父母不用太过担心。晚上多安抚宝宝，帮助他顺利度过这个阶段就好了。

除了安抚，我们也可以多跟宝宝玩"捉迷藏"游戏。捉迷藏是让宝宝在一种安全的情况下，练习和亲近的人分离。在玩捉迷藏的时候，宝宝会感受到和父母短暂的分离，但短暂的等待之后，消失的人还会再回来。这样的体验不仅能够通过反复尝试和练习，帮助孩子克服真正分离的焦虑，还可以帮助孩子把现实中分离的焦虑和痛苦，变成一种愉快的经历。

家庭早教小锦囊 24

惩罚对约束孩子的行为有用吗

没有用。打骂孩子的唯一的结果是,父母发泄情绪,孩子收获恐惧,并不会真正解决问题。

打骂(包括其他体罚)会在短期内看到效果,孩子确实停止了父母不认可的行为,但孩子并不明白自己的行为不恰当在哪里,以后应该怎么做。

打骂引起的刺激会让孩子处在巨大的压力之下,他能记住的只有父母暴怒的脸,根本无法反省自己到底哪里做得不好。

由于恐惧随时到来的打骂,孩子的行为也会变得保守,不愿意尝试新的事物,或者会通过说谎的方式来逃避惩罚。

打骂孩子也是在给孩子做错误的示范,在孩子的脑袋里种下"暴力可以解决问题"的种子。

打骂等体罚还会影响孩子的社交生活,因为在他看来,人都是危险的、暴力的。长大后,他们很可能会自我隔离,远离人群,很难跟人建立亲密的关系。

打孩子,通常是父母在无计可施的时候才有的行为,不要以为孩子感受不到,孩子会敏锐地捕捉到父母的无力感,并因此对父母失去信任。

一般情况下,在父母又一次试图用惩罚让孩子记住教训的时候,通常都会说这样一句话:我都说了多少次了,你怎么还是记不住?

如果认真回想这个场景,父母就会意识到,如果惩罚有用的话,为什么我们还要一遍一遍地惩罚呢?惩罚更多的是引发了孩子的痛苦和恐惧,而不是反思。

25 家庭早教小锦囊

这个年龄的宝宝为什么喜欢打人、咬人

父母首先要明白一件事。婴幼儿大多是通过嘴巴和小手跟外界打交道的，所以在初尝社交的时候，用嘴巴咬人、用手打人对宝宝来说是顺其自然的行为。在宝宝的共情/移情能力发展出来以前，他不能理解打人、咬人会伤害到他人。在宝宝眼里，他人更像一个大号的玩具，而不是跟自己一样会感到疼痛的人。父母不要担心孩子在"变坏"，也不必责怪自己没有教育好孩子，这是孩子发育成长的正常阶段。

教育可以缓解打人、咬人的情况，但与简单地对宝宝说"不"相比，弄清楚"咬人、打人"时宝宝在表达什么，寻找一个可以替代的行为，是更好的方式。

· 如果宝宝咬人、打人是宝宝在跟伙伴玩闹

这种情况可以尝试引导宝宝用拥抱、握手、打招呼等方式来替代咬人的冲动，父母可以先给宝宝做示范。这个过程可能需要家长和宝宝反复练习，才能被宝宝记住，记得保持耐心。

· 如果宝宝咬人、打人是在发泄情绪

这种情况通常发生在宝宝和熟悉的人（比如父母、爷爷奶奶等）之间，当宝宝无法用语言表达自己的情绪，就会本能地用咬人、打人来表达。此时，父母要保持冷静，尽力安抚宝宝。如果无法安抚，就让宝宝发泄情绪，等宝宝平静下来后再和他沟通。

在教育宝宝不要打人、咬人的时候，切忌"以暴制暴"。当宝宝动手时，有些父母也动手打宝宝，以为让宝宝感受到被打会疼，宝宝就会放弃打人、咬人。事实上，这完全是在给宝宝做错误示范。

家庭早教小锦囊 26

如何培养宝宝的专注力

在谈培养专注力前，父母要先明白，小宝宝的专注力是怎样的。

很多父母总认为，"看得进去书"才是专注，其实对小龄宝宝来说，能在一定时间内做一件事，就是专注的表现，无论这件事是爬向一个吸引人的玩具，还是拿起零食放进嘴里津津有味地吃起来。并且，受限于自身发展，6岁以下的宝宝以无意识的注意为主，2岁以前大多数时候只能专注几秒，最多能保持1～2分钟；2岁以后，宝宝能专注3～6分钟；3岁以后，宝宝专注的时长大概能有5～8分钟。

有时，父母认为宝宝不够专心，其实是标准定高了。这个年龄段，宝宝的专注力主要受限于自身发育，注意时间短，容易被分散；经常带有情绪色彩，喜欢的容易专注，不喜欢的就不愿关注。父母要培养宝宝专注力，能做的就是提供一个能够让宝宝专注的环境：

1. 关掉电视，减少干扰

尽可能创造一个没有那么多刺激的环境，这样才能让宝宝更充分地专注于正在做的活动，比如当宝宝在好好研究一个小物件、准备读绘本的时候，关掉电视、拿走零食等。

2. 珍惜宝宝的每一次兴趣小爆发，别轻易打断

宝宝小的时候，什么都是新鲜的，开开心心地做自己感兴趣的事情时，正是提升专注力的好时机。如果在集中注意力时被不合宜地打断干扰，他的相关脑区就得不到充分的发展，大脑也就无法锻炼排除干扰的能力，就阻碍到了他注意力的发展。

3. 和宝宝一起玩，进行高质量的陪伴

有没有发现，当你拿着玩具跟宝宝一起玩时，宝宝会玩得特别投入？大人的及时回应，会让宝宝持续地专注一件事情。

27 家庭早教小锦囊

回应性照护

回应性照护是指满足儿童生理和心理需求的积极照护，它的核心要义是在日常生活中观察并敏感了解孩子动作、声音、表情和口头请求的需求，及时做出积极恰当的回应。

在生命早期，婴幼儿几乎不具备保护自己的能力，父母对他的需求及时回应并满足，才能为孩子建立最基本的安全感。

那么如何做好回应性照护呢？

1. 建立亲子关系。与孩子建立积极的亲子关系有几个要素：热情、接纳、真诚、共情和尊重。玩耍、交流和赞扬都有助于亲子关系的建立。积极的亲子关系能支持着孩子不断探索学习，在情感、社交和认知上健康发展。

2. 敏感观察。每个儿童都是独一无二的，他们的行为表现也大不相同。在日常生活中仔细观察，记录孩子的生物钟规律、活动和能力水平，才能敏感注意到并理解孩子所发出的不同需求的信号；准确判断他的情绪体验；察觉到疾病的征兆，妥善应对。

3. 恰当回应。父母要在敏感地读懂孩子需求的基础上，通过肌肤接触、眼神、微笑、语言、身体姿势等形式，做出及时且符合年龄、心理发展特点的回应。当孩子做出回应时，记得尽情微笑，用开心的语调和动作给予孩子肯定和鼓励，这会让他更努力地去尝试发出声音或做出动作哦。

4. 互动沟通。当父母和孩子共同关注一件物品、参与一件事情时，沟通和互动就自然发生了。父母积极地调动合适的表情、声音以及肢体动作等传递给孩子，和孩子分享所见所想，良好的互动沟通有助于孩子的早期发展，为孩子将来建立良好的人际关系打下基础。

Chapter 5

第五章

2~3岁的宝宝

24 ~ 36 months
2 ~ 3 岁的宝宝

2 ~ 3 岁成长关键词：入园准备

宝宝已经 2 岁啦！

相较于生命的头两年，2 岁后的孩子会迎来身体发育的平稳期。孩子体重和身高的增加变缓，身形逐渐变得瘦长。这时，孩子的腹腔空间变大，内脏不再拥挤，表现到外在就是孩子的"大肚子"慢慢变小了。内脏位置的变化，会让宝宝的身躯看起来变得更挺拔。

整体看来，孩子的身体比例相比出生时更接近大人了，头看起来不再那么大，腿也开始变长了。

在这期间，一些孩子会出现食欲减退的现象，这是身体发育变缓、身体所需热量变少后的表现。只要一年体重能涨 2 千克，身高能增加 7 ~ 8 厘米，就说明摄入的营养可以满足孩子生长的需要，父母不用太担心。

在接下来的一年，对父母来说，宝宝的能力培养会有一个明确的目标：入园。

入园是孩子独立半径的扩大。在 2 ~ 3 岁之间，宝宝的活动范围会从客厅，扩大到小区的游乐场，最终进入人生第一个集体——幼儿园。

集体生活和家庭生活有很大的不同，需要宝宝准备好相应的能力，来应对新的环境和新的关系，这些能力包括：

·简单的独立生活能力，如自主吃饭、穿简单的衣服等；

·简单的社交能力，如向老师求助、交朋友、遵守课堂纪律等。

独立生活能力的建立依赖大运动、精细运动的进一步发展。户外活动、球类运动等可以很好地锻炼宝宝四肢的力量和手眼协调能力，而搭积木、剥豆子等可以提升宝宝手部的精细动作。此外，洗澡时试着让宝宝自己脱掉已经解开扣子的大件衣服、读绘本时让宝宝自己翻页等，都是培养宝宝独立生活能力的方法。

在独立能力的培养上，父母的原则是放手。而社交能力对宝宝而言是全新的课题，需要父母多多引导。

2岁以前，宝宝无法维持社交，即便把他们放在一起玩耍，宝宝也只是开始时热络一下，游戏中会很快各自沉浸在自己喜欢的玩具中。独立性增强后，意识到自己和他人是不同的个体，宝宝才会有和同伴玩耍的需求。不过，大多数宝宝的社交是从抢玩具、打人开始的。如果宝宝有这样的行为，父母不要急着给宝宝贴上"爱打人""爱抢玩具"的标签，这时，在宝宝的大脑里还没有"他人"的概念，更不懂打人会给他人带来伤害，他只是想到什么就做什么，还不懂约束自己的行为。

随着宝宝语言能力的提升，父母可以教宝宝学会用语言来表达自己的需求和感受，而不是用手和牙齿。日常生活中，父母也可以从打招呼，说再见、谢谢，道歉等，日常社交礼仪上逐步帮助孩子建立自己和他人的界限。

语言能够帮助宝宝约束自己的行为，在父母的引导下，宝宝在有打人的想法时，"想起"父母的教导。这时，他会重复父母的教导，自己对自己说"不能打人"，这其实是宝宝在用语言自我安抚大脑中的冲动，慢慢地宝宝就能学会不再用语言进行自我提醒，而是直接在大脑中完成这一过程。

但在某个阶段，也会出现"宝宝边说不要打人边打人"的情况，不是他故意气人，只是手比大脑快了一步，很正常。只要爸爸妈妈锲而不舍地继续教导他，慢慢地宝宝就能更好地进行自我控制了。

受限于大脑发育，宝宝学习社交规则的过程会出现反复，已经学会的东西突然忘记也很常见，父母不必过于忧虑，更不要给宝宝贴标签。3岁以后，大脑中负责计划和组织行动的额叶区域才会大幅度地活跃，宝宝也会更熟练地用语言约束自己的行为。

除了能力建设，宝宝顺利入园也离不开心理建设。

能力建设能让宝宝在入园后减少挫败感，心理上的安全感则能让宝宝渡过入园的第一个难题：分离焦虑。

阅读有关幼儿园的绘本、提前去幼儿园熟悉环境、做好日常分离安抚等，都能降低宝宝对幼儿园的恐惧，让宝宝更快接受幼儿园，但真正能帮助宝宝克服分离焦虑的，是对爱的确定：即便父母不在身边，父母的爱也不会消失。

经常对宝宝说我爱你、在宝宝出现情绪问题时及时抚慰、宝宝害怕的时候给一个大大的拥抱等，都能给你和宝宝的亲密账户成功充值。一些固定的仪式感，比如睡前阅读、晚安亲吻、上班前的告别、出差后的一个小礼物、专注陪伴的周末等，也能让你和孩子之间爱的联结更加紧密。

入园之前，父母的每一次高质量陪伴，都会在宝宝的心里灌注更多的爱和勇气。带着父母装满爱的行囊，宝宝才会有力量离开父母的怀抱，独立探索属于自己的世界。

当站在幼儿园门口，看着宝宝背着书包的小小身影远去，你会发现，那个娇小又柔软的小家伙已经长这么大了……

[2～3岁宝宝的能力发展]

大运动发展

· 两岁以后，走、跑、跳（双脚跳/单脚跳）、投、接、踢、扭转、弯腰等基本动作技能宝宝都已经学会了。

· 基本动作技能就像语言中的字母或字符，是组成复杂动作的基础，也是宝宝探索环境、获取关于周围世界的知识的重要途径。

· 由于肌肉控制力、手眼协调能力发育还不完善，宝宝的很多动作还显得不够灵活。

早教小建议：为了让宝宝更熟练地掌握基本动作，户外运动、追逐游戏、跳房子、青蛙过河等都是不错的日常练习游戏。饮食会影响宝宝的体重、身高等身体条件，继而影响宝宝运动能力的发展，所以给宝宝养成良好的饮食习惯也很重要。

认知发展

· 两岁后，孩子的假装游戏升级，在没有真实道具的情况下，也能进行假装游戏，比如假装动画片里的人物、假装积木是士兵等，这是孩子创新力和想象力发展的体现。

· 由于自我意识的发展，孩子独立的需求更强烈，对"我"和"我的"的坚持会近乎顽固。

· 3岁左右，宝宝语言能力更强了，词汇量会从200个左右增长到1000个左右，语法使用也会更准确。语言能力的提升会帮助孩子更准确地表达感受，也让孩子有了更好的自我控制能力，变得更懂"规则"。

早教小建议：在这个年龄段，在大事上坚持原则，在小事上给予自由，会让亲子关系更轻松。

情绪和社会化发展

· 2～3岁，孩子的个性气质就会不断展现出来，并且逐渐定型。有的孩子更活跃，有的孩子更安静，有的孩子好奇心更重，而有的孩子更加专注。每一种个性都有优势，没有高低之分。作为父母，了解孩子的个性，有助于为孩子提供更适宜的探索环境。

· 2岁以后，大脑的移情能力逐渐发展，孩子慢慢开始理解他人的感受会与自己不同，这是社交能力发展的前提。

早教小建议：2～3岁是孩子的社交准备阶段，作为孩子社会化的过渡空间，父母多和孩子对话、帮助孩子表达需求和情绪，会让他在未来适应社交时更轻松自如。

精细动作发展

· 2～3岁，宝宝已经学会了刷牙、拿小铲子、用勺子吃饭，甚至还学会了"绘画"。

· 虽然已经会拿画笔了，但现在学写字还太早了，宝宝的手部控制力还不够，超前练习会让宝宝产生很强的挫败感，对用画笔"创作"丧失兴趣。

早教小建议：2～6岁被称作"游戏年龄"或"玩耍期"，也就是说"玩"才是孩子们的天性。不要为了超前学习，忽略了孩子的真正需求。

25～30月龄家庭早教游戏

我的小脚丫

- **游戏目的：**

  锻炼平衡能力
  　　身体协调能力

- **游戏玩法：**

  1. 将彩色卡纸剪成圆点形状，在每个圆点上画一个小脚丫。

  2. 将彩色圆点按一定顺序固定在宝宝面前，引导宝宝踏着"小脚丫"迈步前进。

  3. 可以适当变换圆点的位置，鼓励宝宝跳跃前进。

- **技能贴士：**

  对这个年龄段的宝宝来说，能够顺着彩色的小圆点一步一步前进，可并不容易，对身体的平衡感、多感官的协调能力要求很高。起初，宝宝可能无法完全按照脚印走，多给宝宝鼓励，陪他一起踩小圆点，享受亲子互动的乐趣。

  等宝宝走得熟练一些后，我们可以改变脚印的颜色顺序、距离等，通过你的指令，让宝宝踩某种颜色，或者跳跃前进，增加游戏难度后，不仅能够激发宝宝的兴趣，还能够进一步挑战宝宝的大运动能力。

> **道具准备：**
> 彩色卡纸

25 ~ 30 月龄
家庭早教游戏

下雨了

● 游戏目的：

锻炼手部肌肉力量
手眼协调能力
控笔能力

● 游戏玩法：

1. 准备一张白纸和若干彩笔。

2. 家长先在纸上画出一朵云彩，和宝宝同向而坐并示范在云彩下面画一条垂直线，模仿下雨的状态。

3. 鼓励宝宝模仿在纸上画竖线，模拟出雨滴下落的状态。

● 技能贴士：

这个年龄段，能够用画笔画出一条看得出形状的竖线（并不会很直），是宝宝手部精细动作发展良好的体现。第一次画线，宝宝的小手控制力不够，父母可以握着他的手，帮助他完成第一笔。刚开始拿画笔，宝宝的握笔姿势可能不太标准，这也没关系，先让宝宝拿起画笔，感受创作的乐趣最重要。

道具准备：
白纸，彩笔

25～30月龄
家庭早教游戏

小拉链真有趣

● **游戏目的：**

锻炼手部肌肉力量
手眼协调能力
自理能力

● **游戏玩法：**

1. 准备一件宝宝的带有拉链的衣服，并将衣服前面铺平整。

2. 家长先示范如何将拉头和链牙对在一起，引导宝宝仔细观察。

3. 让宝宝独立将衣服的拉链对上并拉好。

● **技能贴士：**

　　第一次让宝宝自己拉拉链，记得选择拉链拉头比较大的款式，方便宝宝操作。等宝宝熟练步骤以后，可以慢慢进阶更小款式的拉头。让宝宝学习拉拉链，不仅能够锻炼手部精细动作和手眼协调能力，还能够让宝宝体会到自己的事情自己做的自主感和胜任感。

道具准备：
带拉链的衣服

25～30月龄
家庭早教游戏

小小神投手

● **游戏目的：**
锻炼手眼协调能力
　　平衡能力
理解因果关系

● **游戏玩法：**

1. 准备若干个空的饮料瓶和大小不一的沙包，将瓶子堆放在一起或排成一排。

2. 向宝宝示范如何投掷沙包击倒瓶子，然后和宝宝轮流投掷沙包。

3. 适当调整宝宝和瓶子的距离，增加游戏的难度及趣味性。

● **技能贴士：**

　　投掷类游戏在其他月龄中也出现过，不过，现在宝宝的身体肌肉控制力更强了，投掷游戏的难度也要增加。这个游戏有点像中国的传统游戏"投壶"，更注重定点投掷的准确性，非常考验宝宝的协调能力、肌肉控制力和视觉感知等。

　　玩这个游戏时，可以和宝宝轮流投掷，看谁投中的次数更多，这样更能激发宝宝的兴趣，也可以让宝宝对数字（多少）有简单的认识。

道具准备：
饮料瓶，沙包

25～30月龄家庭早教游戏

拼拼图

● **游戏目的：**

提高手眼协调能力
精细动作能力

● **游戏玩法：**

1. 准备一个宝宝感兴趣的简单拼图，让宝宝先猜一猜拼好后的图案是什么。

2. 父母可以先给孩子示范一下如何拼图，再将拼图拆散。

3. 鼓励宝宝独立完成拼图。

● **技能贴士：**

拼图是典型的开放式玩具，可以帮助提高宝宝的观察能力，以及对颜色、形状、空间关系等的敏感度，它的整体与部分的关系，还能促进宝宝的逻辑思维能力，对宝宝的大脑发育很有帮助。玩拼图时需要不断试错，反复的尝试也可以提高宝宝的抗挫能力，帮助宝宝建立自信心和成就感。记得和宝宝一起玩，会让他觉得更有趣！

道具准备：
拼图（10片以内）

25～30月龄
家庭早教游戏

将军的马

● **游戏目的：**

锻炼平衡能力
想象力
节奏感

● **游戏玩法：**

1. 爸爸双膝着地，双手支地，跪在软垫上扮演将军的马。

2. 让宝宝坐在爸爸的身上扮演将军，确保宝宝坐稳后开始游戏。

3. 游戏过程中爸爸可以配合儿歌节奏前进或上下左右小幅度摇晃。请时刻注意，防止宝宝掉落。

● **技能贴士：**

2岁的宝宝平衡能力还在不断发展中，摇摇晃晃的骑大马游戏可以训练宝宝在动态过程中找到自己身体的重心，锻炼小宝宝的平衡能力。游戏过程中，可以用语言引导，让宝宝想象自己是位将军。配合音乐节奏在马背上前行还可以培养宝宝的想象力以及节奏感。

**31～36月龄
家庭早教游戏**

小小理发师

● **游戏目的：**

锻炼手眼协调能力
　　精细动作能力
　　　想象力

● **游戏玩法：**

1. 家长可以先向宝宝展示如何使用儿童剪刀，引导宝宝正确使用儿童剪刀。

2. 让宝宝想象自己是位理发师，家长用矿泉水瓶和彩纸做成道具"顾客"。

3. 鼓励宝宝发挥想象，独立使用儿童剪刀给"顾客"剪头发。

● **技能贴士：**

　　学习使用剪刀可以锻炼宝宝的手部肌肉发展，有助于宝宝的手部精细动作发展以及提高手眼协调的能力。2～6岁是宝宝最喜欢玩角色扮演类假装游戏的阶段，除了扮演理发师，还可以和宝宝一起扮演其他职业种类。这不仅可以培养宝宝的想象力，还能够让宝宝慢慢建立对世界的丰富认知。

道具准备：
儿童剪刀，矿泉水瓶，彩纸

小小演奏家

● **游戏目的：**

音乐启蒙
锻炼手眼协调能力
社会行为能力

● **游戏玩法：**

1. 在一个杯中注入 1/3 的水，并将有颜色的胶带分别贴在其余水杯的不同位置上。

2. 向宝宝示范如何将水倒入杯中的指定位置。

3. 鼓励宝宝学着做，从来回倒一次慢慢增加难度，做到来回倒两次不洒水。

4. 可以鼓励宝宝用筷子敲击不同的杯子，发出不同的声音。

● **技能贴士：**

小小的演奏游戏可以锻炼宝宝的手眼协调能力以及手部肌肉力量，敲击杯子发出不同的声响还能对宝宝进行音乐启蒙。

这个年纪的宝宝没有不喜欢玩水的，游戏最好安排在天气比较热的时候，带宝宝在阳台或卫生间玩，方便事后收拾。

道具准备：
玻璃杯，筷子，胶带

31～36月龄家庭早教游戏

有趣的圆圈

● **游戏目的：**

锻炼精细动作
手眼协调能力

● **游戏玩法：**

1. 家长先示范在画面上填补空缺的圆圈。
2. 引导宝宝观察模仿画出圆圈。

● **技能贴士：**

能够画简单的竖线后，就可以让宝宝试试画曲线和圆了。不过，也不要太心急，对宝宝来说能够画出闭合的、没有明显棱角的圆形，要花费不少时间，可以让宝宝多多自由创作，循序渐进。画圆并不是目的，让宝宝的精细动作得到训练才是重点。

道具准备：
白纸，彩笔

31～36月龄
家庭早教游戏

娃娃物语

● **游戏目的：**

锻炼精细动作
社交能力
想象力

● **游戏玩法：**

1. 家长示范如何照顾娃娃。

2. 引导宝宝根据大人的指令来照顾娃娃。

3. 引导宝宝给娃娃喂食、穿衣服。

● **技能贴士：**

宝宝在这个游戏中会扮演起娃娃家长的角色，学习如何照顾自己的娃娃，可以极大地锻炼他的想象力以及社会化能力。在给娃娃喂食穿衣服的过程中，还可以锻炼宝宝的精细动作能力。

这个游戏并不仅仅适合女孩子，男孩子也应该玩。通过照顾娃娃这样的假装游戏，能够让宝宝学着理解他人、用语言表达需要和感受，这是宝宝情绪和社会化发展的重要演练，不要因为我们的性别偏见，让宝宝错失学习的机会。

道具准备：
娃娃，小衣服，小水杯

31～36月龄
家庭早教游戏

小小建筑师

● **游戏目的：**

锻炼精细动作
手眼协调能力
空间想象力

● **游戏玩法：**

1. 家长向宝宝示范用3块长条状积木搭成有孔的桥，下面放2块，上面放1块。

2. 保留搭建的模型，引导宝宝观察模型。

3. 鼓励宝宝独立搭建相同的桥，注意家长不要提示桥孔。

● **技能贴士：**

搭积木对这个年龄的宝宝来说，已经不是什么难事了，但要用积木搭出有孔的桥，需要宝宝反复试验，仔细观察积木之间的位置关系才能明白，除了叠搭积木外，还有更多积木堆叠方式。这可是宝宝精细动作发育的重要一步。

道具准备：
条形积木

31～36月龄
家庭早教游戏

泡泡火山

● **游戏目的：**

科学启蒙

● **游戏玩法：**

1. 在空盘子里倒入适量的小苏打，堆成火山形状，把小玩具埋入其中。

2. 引导宝宝将白醋和食用色素混合后，倒在小苏打"火山"上。

3. 小苏打和白醋相遇，会让"火山"融化，并释放出大量气体，让宝宝感受泡泡火山的神奇反应。

● **技能贴士：**

小苏打是碱性化合物，而白醋则是酸性的，酸碱中和发生化学变化后，产生新的物质——二氧化碳。二氧化碳是气体，从液体中逃逸产生气泡。化学反应本身是看不见的，但两种物品融合产生的奇妙变化，能让宝宝体会到科学的魅力。

道具准备：
盘子，小苏打，白醋，小玩具，食用色素（为了好看，可不用）

31～36月龄
家庭早教游戏

毛毛虫要回家

● 游戏目的：

锻炼色彩认知能力
手部精细动作

● 游戏玩法：

1. 将不同颜色的扭扭棒扭成小毛毛虫。

2. 家长示范用夹子将毛毛虫放进同颜色的纸盒里。

3. 鼓励宝宝说出毛毛虫的颜色，并帮助毛毛虫回家。

● 技能贴士：

用夹子夹取扭扭棒可以锻炼宝宝的手部精细动作以及手眼协调能力，而配对游戏则是这个年龄段宝宝很喜欢的认知类游戏，虽然他大约只能辨认并说出两种颜色，但他的大脑已经能够将相同的颜色进行匹配。除了颜色配对外，我们日常还可以为宝宝设计更多的配对游戏，比如形状配对、鞋子配对等，很多日常物品都可以成为宝宝的早教教具哦。

道具准备：
各种颜色的扭扭棒和纸盒，小夹子

31 ~ 36 月龄
家庭早教游戏

小小登山员

● **游戏目的：**

锻炼下肢力量
大运动能力

● **游戏玩法：**

1. 鼓励宝宝不扶扶手独自上下楼梯。

2. 鼓励宝宝做到独立不扶扶手可以上三阶及以上的楼梯。

3. 可以适当增加难度，在宝宝下最后一级台阶的时候，引导协助宝宝跳下来。

● **技能贴士：**

能够独自上下楼是宝宝大运动发展能力的重要里程碑。上下楼梯的过程可以进一步锻炼宝宝的下肢肌肉力量，让宝宝走路更稳。对宝宝来说，上下楼梯还不太稳，一定要有人在身边看护，以免摔倒。

31～36月龄
家庭早教游戏

寻找春天

● **游戏目的：**

艺术启蒙

● **游戏玩法：**

1. 在白卡纸上涂上不同颜色的色块，把卡纸交给宝宝，让他在户外找到对应颜色的事物。

2. 父母可以先帮助宝宝去寻找颜色匹配的事物。

3. 引导宝宝独立找到正确的颜色后，记得鼓励宝宝哦！

● **技能贴士：**

公园是非常棒的早教场所，能够让宝宝多感官体验到丰富多彩的世界。让宝宝按照卡纸色块在户外寻找到颜色匹配的植物，既能锻炼宝宝的认知能力、观察能力，为宝宝储备更多远视力，还能对宝宝进行艺术启蒙，培养宝宝对自然之美的感知。

道具准备：
白卡纸，彩笔

31～36 月龄
家庭早教游戏

金鸡独立

● **游戏目的：**

提升大运动能力

● **游戏玩法：**

1. 父母先示范如何金鸡独立。

2. 引导帮助宝宝单脚站立，第一次尝试时，记得牵着宝宝的手以免摔倒。

3. 学会单脚站立后，父母试着放开手，让宝宝独自单脚站立。

● **技能贴士：**

能够独脚站立 2 秒以上，是宝宝大运动发展能力的重要里程碑。能够单脚站立，说明宝宝的平衡能力也已经非常棒了，身体的整体协调性很好。如果宝宝还不能单脚站立，也不要太紧张，让宝宝多跑、多运动，大运动发展阶段到了，宝宝会自然而然学会的。

**31～36月龄
家庭早教游戏**

小积木搭高高

● **游戏目的：**

锻炼手眼协调能力
专注力

● **游戏玩法：**

1. 向宝宝示范搭起 2 块方形积木。

2. 推倒后一块一块出示积木，引导宝宝自己慢慢搭高。

3. 鼓励宝宝成功搭起 10 块积木。

● **技能贴士：**

"叠高高"游戏宝宝向来都喜欢，可以从 3 块积木开始，慢慢增加难度，直到宝宝能够搭起 10 块积木的高塔。这个过程宝宝会失败很多次，当他失败时，记得多给他鼓励，让他有信心和耐心继续游戏。在搭高积木的过程中，宝宝需要保持相当的专注，这个时候记得保持安静，不要打扰宝宝的专注时刻。

道具准备：
方形积木

家庭早教小锦囊 28

宝宝 3 岁了，说话结结巴巴，怎么办？

学龄前的孩子在说话时，常常下意识重复语音、字词。大多数情况下，这些重复和错误是正常发育的一部分，尤其是在宝宝快速掌握新词汇的过程中会时常发生。言语失误常常发生在一句话的开头，因为此时宝宝正在构建思路。多数宝宝不需任何干预，随着年龄的增长，言语不畅的情况会自动消失。具有这种表达不流畅现象的宝宝对自己语言中的多余词语一般毫无意识，也不会因此感到困扰。

有些方法可以帮助宝宝，比如放慢你的语速、每次只问一个问题、多点耐心等。重要的是，给宝宝充分的时间说话，不要强行纠正他。

当宝宝重复单个字的次数在 4 次或 4 次以上（比如把"小狗"说成"小小小小小狗"），或者拉长某个字的发音，那就要加以注意了。

如果发现宝宝有以下情况，请带宝宝去看医生：

1. 宝宝说话时面部肌肉紧张；

2. 宝宝在运用词语时感到不自在或紧张；

3. 宝宝出现其他异常的面部动作或频繁眨眼。

29 家庭早教小锦囊

如何管理孩子看电子屏幕的时间

长时间观看电子屏幕不仅会影响孩子的视力，还会占据孩子珍贵的探索时间。0～3岁是孩子大脑发育的重要阶段，看电视和使用手机的时间越长，孩子就会越少进行有益于认知发展的日常活动。不过，电脑、手机作为现代社会的重要工具，对孩子的发育也不全是坏处。研究表明，幼儿园阶段，如果能把日常经验、计算机经验和数学操作结合起来，孩子会更好地掌握数学概念。更何况，现代社会要让孩子完全不接触电子屏幕也不现实，重要的是**管理好观看时间**：

1. 和孩子约定好屏幕使用时间。《中国人群身体活动指南（2021）》表示，不建议2岁以下的宝宝看各种屏幕。2岁以上的宝宝，每天看屏幕时间累计需少于1小时，每次不超过15分钟。

2. 为孩子挑选与年龄匹配的合适内容。制作精良的教育类视频能向孩子传递知识和能量，父母可以陪伴孩子共同观看。

3. 为孩子安排充足的亲子户外时间。丰富孩子的日常活动，可以有效减少电子产品使用时间，让孩子体验更广阔的世界，也能储备远视力。

4. 父母要控制好自己的屏幕使用时间，给孩子做好榜样。

这些事情最好不要做：

1. 孩子还分不清楚虚拟和现实，不要让孩子接触有暴力内容的视频或游戏。

2. 孩子哭闹时，不要把手机和动画片当作安抚工具，这样会增加电子产品对孩子的吸引力。

3. 不要在睡前和吃饭时，让孩子看手机或动画片。

4. 不要让孩子过早接触电子游戏。电子游戏的强互动性很有吸引力，容易让孩子上瘾。

家庭早教小锦囊 **30**

需要帮宝宝戒掉依恋物吗

2岁左右的宝宝虽然精力旺盛，看上去什么都敢尝试，但也正处在非常需要安全感的阶段。除了把情感寄托在亲密养育者身上之外，一些孩子还会把他们身边的一些小物品，比如小手帕、玩偶、枕头等，作为安全感来源。他们会抱着它们睡觉，出门也要带着，不见了就会伤心大哭。

这些小物品叫"依恋物"，拥有依恋物，说明宝宝正在学习自我情绪安抚，也是宝宝情感发育正常的表现。

对于孩子的依恋物，父母只需要接纳并尊重就好，不要强迫孩子改掉这个小习惯。依恋物的陪伴，不仅能增强宝宝的安全感，也能让宝宝拥有一个"虚拟"好朋友。研究表明，孩子和依恋物之间的联结越紧密，他们适应压力的能力也越强。拥有依恋物的孩子，往往更会表达情感，跟其他小朋友交往更顺畅。

当带着宝宝外出、搬家、去一个新地方的时候，宝宝可能会要求随身带着它，尽量要满足宝宝这个要求。在一些容易缺乏安全感的场合，这个"好朋友"对宝宝来说，是十分重要的。

当宝宝不愿意配合的时候，你也可以巧妙地用宝宝最喜欢的依恋物，来做正确的示范，比如宝宝不想穿衣服，你可以对着他喜欢的小玩偶说："妈妈要给小兔子穿衣服了，宝宝也要试试吗？"

不用对宝宝的过度迷恋担忧，放心吧，当孩子的社交环境越来越大，参与的活动越来越丰富，社交圈和社会适应能力得到拓展，这个阶段就会慢慢过去。

31 家庭早教小锦囊

可以让 2～3 岁孩子自己做的 10 件小事

2 岁后，孩子已经有了很强的自立需求，常常冲大人喊"我来""我要"，这些都是宝宝自我意识变强的表现。随着动作技能越来越熟练，宝宝会对环境越来越有掌控感，父母可以适当放手，让宝宝自己做一些力所能及的事情，鼓励他的探索欲望。

可以让孩子自己决定的 10 件小事：

1. 自己穿脱鞋袜、戴帽子
2. 自己穿脱大件的衣服
3. 睡前阅读，选择想看的绘本
4. 收拾自己的玩具和绘本
5. 自己洗手洗脸
6. 选择自己想穿的衣服
7. 自己用勺子吃饭，用杯子喝水
8. 自己表达排便需求
9. 自己按电梯键
10. 给父母拿拖鞋、报纸

当宝宝独立的需求被满足，自然而然会表现出开心、兴奋，"我很棒"等自我肯定的情感和态度。作为父母，要珍惜宝宝的独立倾向，给予适当且及时的夸赞和支持，鼓励宝宝独立性的发展。

家庭早教小锦囊 32

孩子学会撒谎了怎么办

大约到了 4 岁，孩子才会明白说谎和说真话的真正含义，在这之前，因为孩子说谎而生气是没有意义的。

说谎是孩子开始明白真实和幻想的差别了，是孩子心智发展的一个必经阶段。这个年纪，他并不清楚说谎是有好坏之分，所以不要担心孩子人品不好或者没有担当。

与其因为孩子说谎而焦虑，不如根据谎言类型，对症下药。

第一类：无伤大雅的编造

2～4 岁的孩子想象力爆发式发展，开始编造一些事情，让自己获得想象力的满足，比如我会飞，这时孩子还分不清幻想和现实，和孩子一起享受即兴讲故事的乐趣就好。

第二类：逃避任务的谎言

"妈妈我肚子疼，不去幼儿园了"这个谎言，很多孩子都说过。如果你确认孩子在装病，不要戳穿，跟他讲："我们去看医生吧！"

这个时候，大部分孩子会说"不去"，这是孩子承认说谎的信号。

第三类：赢得竞争的谎言

有时宝宝会说谎"在幼儿园吃饭、睡觉都很乖，被老师表扬了"，这表示他开始在意别人眼光了。他想做好某件事，但没有找到合适的办法。

这时，父母要回想一下有没有说过"如果你表现好，妈妈就喜欢你"这样的话，如果有，那可能是宝宝在担心，如果自己表现不好，父母就会不爱自己了。

这种情况下，给足孩子爱和信任，才是治愈说谎行为的良药，而不是讲道理。

写在后面的话

亲爱的家长们，感谢整本书的陪伴。

书稿付梓之际，正赶上发糕 3 周岁生日。记得在发糕出生后不久，我和团队决定做这本书，按真实月龄拍摄和设计早教游戏。于是，发糕从 4 月龄开始，每个月参与一次早教游戏的拍摄。

每次到了拍摄日，团队小伙伴都戏称："小发糕又来工作啦！"当然，对小发糕来说，除了架在那儿的摄像机，一切都没有什么不同，和爸爸妈妈一起在垫子上玩耍，是他最熟悉且喜欢的家庭活动。

早教游戏的拍摄，按照当初的规划结束在发糕 3 岁前，真实记录了他生命前一千天的历程，每一页，都有他成长脚印踩下的路程。

为人父母，我们都一样，愿意竭尽自己所能去守护孩子的健康和快乐，我们也都希望养育一个聪明的宝宝，让他拥有光明的未来。

每一天，我们都想为他做出正确的选择，甚至会为此怀疑自己，总害怕自己身为家长，做得还不够多、不够好。正因为深知这一点，在这本书的拍摄和撰写中，我一直有一个担忧——担心发糕会被当作一个"参照组"，担心书中详细列出的宝宝发展里程碑会让你们患得患失，担心引发你们不必要的比较和焦虑，也担心你们对自己要求过于严格，好像只有一丝不苟地跟着书里的游戏和时间表发展，才是做了负责任的早教。

所以，在这本书的最后，在经过三年的二胎养育和早教实践之后，我最想告诉你们的一点感悟是：

跟随孩子，学会等待。

讲一个小故事。

发糕 3 周岁生日前，趁着十一假期，我和糕爸带两兄弟去海边自驾游。出发前，他坐在自己的安全座椅上，我想帮他扣上安全带，他挥着壮实的小手，兴致勃勃地说："妈妈，让我自己来！"

好的，孩子。

看着他用极大的耐心和热情一次次尝试，调整角度、感受力度，直到最后成功，我有种强烈的感觉：这不就是最好的早教吗？这是孩子在探索，而我只要停下来等他就够了。

我和发糕看过一套绘本《我的不不猫》，书中总是在说"不"，总是夯毛的宠物猫皮皮，活生生就是两三岁叛逆期小屁孩的样子。

书里有个故事我印象深刻：男孩带回了一大袋玩具，都是给皮皮的。一个会向前滚的玩具球，一个会晃来晃去的钓鱼玩具，还有一个玩具机器人。但是这些，皮皮全都不要。好了，现在纸袋都空了，没玩具了。咦？皮皮钻进空纸袋，又钻出来，玩得开心极了，纸袋成了它的玩具！

　　这就是家庭早教场景很生动的写照。有时候，我们觉得孩子太麻烦了，这不要、那不要，其实，孩子要的是按自己的方式去探索。一个纸袋，一个水杯，都会成为孩子的玩具，乐此不疲，让他自由地玩，比什么都珍贵。

　　跟随孩子，就是跟随他的创造力和探索欲。

　　翻看本书，让我再次感叹，生养孩子真是一件奇妙的事情。

　　当妈后，人的记性很差，阵痛的煎熬、夜奶的辛苦、孩子生病时的辗转反侧，早已淡去；当妈后，人的记性又很好，孩子第一次翻身、第一次走路，一边喊着妈妈一边扑进我怀里的样子，他柔软的触感、真实的体温，都历历在目。

　　这可能就是生命的神奇机制吧？让我们携带着爱和温暖，更勇敢地，陪伴孩子成长的每一天，完成这独一无二的生命体验。

　　其实，我们要做的事情很简单——放下比较，相信时间。

　　与你们共勉。

附录1：性别养育

产房里，伴随孩子第一声啼哭的，往往是医生那句简短有力的告知："男孩"/"女孩。"在小生命诞生的那一刻，性别只是一种生理上的客观描述。

但很快，性别就会变成一系列具体可感的东西：不同风格的襁褓、睡袋、婴儿床。

等孩子再长大一些，性别将成为更广泛的分类标签：穿裙子还是穿裤子，学芭蕾还是学编程，收到的礼物是洋娃娃还是挖掘机……

从生物学的角度看，性别仅仅是染色体上的某些基因的表达，这部分基因在人类整体基因构成里只占有很小的比例，但随着孩子的成长，除了基因决定的生理差异外，男性和女性似乎慢慢变成了两个看上去截然不同的群体：个性、职业、偏好、思维方式、表达方式、理性与感性……

此时，再回想一下产房里那个小小的婴儿，无论男孩还是女孩，他们同样软糯可爱，也同样对新世界一无所知，他们是怎么在成长中变得如此不同的呢？难道基因除了决定性征之外，也同样能决定不同性别孩子的偏好和个性吗？

早期的研究者们更倾向于认为，男孩和女孩的差异是天生的。

在《男孩女孩学习大不同》这本书里，美国社会哲学家迈克尔·古里安认为，虽然出生时男孩和女孩的大脑结构差异不大，但女孩的大脑发育速度普遍比男孩更快，同时性激素也会影响大脑某些区域的运作形式。

这本书介绍了历来学者们对男孩女孩大脑差异的研究结论：女孩的听觉和嗅觉都更加灵敏，指尖和皮肤的触感也更为敏感，而男孩天生带有攻击性；女孩的语言能力发育更早，擅长用语言来表达感受，而男孩的右脑区域发育更好，空间感知能力更强……大脑的这些先天差异会随着孩子的成长，影响孩子的学习方式、优势学科、情绪处理模式等。

但随着更多学者加入研究，男女天生不同的观点开始受到质疑和挑战。

质疑者们做过这样一个实验：他们给男婴穿上女婴的衣服，给女婴穿上男婴的衣服，然后邀请志愿者进入实验空间一对一带孩子玩。

结果，所有的志愿者都不自觉地给穿女孩衣服的孩子玩娃娃，给穿男孩衣服的孩子玩机器人和拼图，无一例外。也就是说，由于大人的性别刻板印象，我们会下意识地用不同的方式对待男孩和女孩，而这些行为会直接影响孩子看待自己的方式。

更多的研究成果显示，男孩和女孩的大脑结构并无差别，后天养育环境才是造成性别差异的主要原因。

基于这样的理念，美国人类学家玛格丽特·米德开始了双性化理论的研究。

所谓双性化，就是不再基于性别刻板印象来对待孩子，比如男儿有泪不轻弹、女孩更善解人意、男孩擅长理科、女孩擅长文科等，而是鼓励男孩和女孩在保持自身优势的前提下，互相学习对方身上的性别优点。

后来，美国心理学家桑德拉·贝姆基于前人的理论，提出双性化人格在社会适应性、未来成就等方面要好于单一性别化的孩子，也会有更好的社会适应性和更高的自尊水平。

传统的性别观念是从农耕时代发展起来的。农耕文明下的社会资源匮乏、分工简单，对人的能力需求也相对单一。随着科技的发展，社会分工越来越精细，合作越来越频繁，对人的要求也越来越全面，传统社会所塑造出来的刻板化的性别角色，已经无法适应如今多元变化的现代社会。

因此，在家庭教育中，父母不仅要培养男孩子刚毅、有野心等特质，也要培养细心、细致等特质；女孩子除了温柔、细腻等特质外，果敢、坚强等个性也应该被鼓励。

双性化养育不仅是适应新社会的需要，它对孩子长大后的幸福体验也很重要。

当父母过分推崇孩子性别定式时，孩子自身的个性是被忽略，甚至被抹灭的。

接受这样教育的孩子，也极易形成性别认知偏见，不利于其人格和社会性的全面发展。

随着双性化养育理论的发展，越来越多的国家开始淡化孩子出生时的性别标签。2017年，加拿大出现全球第一个允许不标注性别的新生婴儿卡。

生命是如此复杂，任何理论和数据，都无法包含生命的全部真理。性别养育只是为父母提供了一个了解孩子的视角，而不是某个不可撼动的定理。

说了这么多，其实性别养育的底层思维依然是：尊重孩子，让他成为他自己。

附录 2：二胎养育

生二胎，可不是 1+1=2 这么简单。

家里多一个重要成员，对每一个家庭成员来说，都多了一种新的关系。关系错综复杂，互相影响，每个人都要重新调整自己的位置、状态和期待。

对成年人来说这样的调整都有挑战，对依然是孩子的老大来说，要接受新的角色，成为哥哥或姐姐，就更难了。

父母要理解，老大不可能因为二胎出生，就马上变成乖巧体贴的"小大人"。

只有老大的情感被满足了，他/她才会有力量成长为哥哥或姐姐，才会懂得给予。

所以，两胎关系好不好，关键还是看父母如何做。

1. 不要忽略老大的需求

在很多家庭里，二胎出生后，老大出现行为倒退：爱发脾气、不讲道理，还变得爱哭、黏人……总之，看上去有点"作"。

不过细想一下就会明白，眼前这个满脸委屈的小孩，不过是在担心自己失去父母的爱而已。他不知道如何表达，只能通过"打滚"的方式来获取父母的关注。

此时，千万不要指责老大"不听话""不懂事"，这样会让孩子的不安全感更强烈，把他推得更远。理解老大的心情和需求，多抱抱他，多听他说话，如果因为要照顾二胎而暂时拒绝老大的需求，记得跟他讲清楚，事后再补偿对老大的陪伴。

让老大感受到自己是重要的，有了弟弟妹妹后，父母也还会像以前一样爱自己，是避免同胞竞争的第一步。

2. 不要比较两个孩子

人生第二大噩梦，是父母嘴里总有个别人家的孩子；人生最大的噩梦，这个孩子现在住到了自己家。

"妹妹 2 岁就会帮忙收拾，你那么大人东西还乱扔！"

"你姐姐那么棒，你可要向你姐姐好好学习啊！"

"你哥哥不行，一点不随我，我们家以后就全靠你了！"

在家长看来这是激励，想让他们互相学习，但所有的比较都是压力，压力通常是转化不成动力的，只会让负面情绪在同胞关系中积累发酵。

每个孩子都是特殊、完整的，不要在孩子面前只是赞美其中一个，也不要为了鼓励一个孩子而在他面前贬低另一个。

3. 不要做两个孩子的法官

我们总想以法官身份教孩子学会并遵守公平，以此高效地解决他们之间的所有纷争，但这样只会让矛盾加剧——因为有人赢，有人输。

正确的做法应该是，给孩子足够的空间自己解决。

当问题很小时，先试着让孩子自己解决。

争吵升级时，也要有技巧地介入：先客观描述你看到的事情——"我看到你们都想要这块乐高"，然后让他们把自己争抢的理由都说一遍。认真听，然后重复——"哦，姐姐觉得乐高是她的，她等下要玩的。""妹妹缺这块乐高搭房子。"接着，要承认这个问题的难度，"我觉得这个问题挺难的，但你们能自己找到解决的办法对不对"。

家长的介入，首先是让双方的情绪平复，避免矛盾升级。你的客观描述，让孩子知道自己的需求被看到了，他们会想到自己的办法来解决争端的。

实在不行，你可以提供一些解决思路："能不能交换点什么呢？"

4. 独生时光，给每个孩子专属的爱

家里有两个孩子后，很多父母的原则是给两个孩子一样的爱，一碗水端平，但父母不明白的是，孩子们确实很在意公平，但公平的潜台词并不是"平均"，而是父母的"偏爱"。

当然，这种偏爱并不是偏心，而是父母给我的爱是独一无二的，只有这样才会让孩子不再计较时时刻刻的平均。

定期为孩子安排独生时光，选择一天或者一次旅行，只陪伴一个孩子，带他去做他喜欢的事情，吃喜欢的美食，让他在特定的一段时间里得到父母全心全意的爱，要比把一碗水端平更有用。

附录 3：亲子对话

多跟宝宝说话，是最好的早教。

科学表明，婴幼儿早期的语言环境，即父母的语言，很大程度上决定了宝宝先天潜能的发挥。

美国学者贝蒂·哈特和托德·里斯利曾经做过一个实验，他们追踪、观察了 42 个不同阶层育儿家庭的早期语言环境，想知道到底是什么影响了孩子未来的发育水平。

当时，人们普遍认为家庭的经济水平是影响孩子成长的关键因素，但实验显示，在宝宝 3 岁时，高知家庭的孩子平均会比低收入家庭的孩子，多接收 3200 万个单词。除了语言接收量的差别外，不同阶层家庭使用的语言丰富度也有很大的差异。

经过 3 年的跟踪记录以及后续多次的回访，研究者发现，婴幼儿早期语言环境的影响，比大家预想的更深远：它不仅影响了孩子的语言发展，还会直接影响孩子们入学后的学业表现。

为什么父母的语言如此重要？

因为在大脑发育最快的 0～3 岁里，宝宝的语言滋养几乎完全依赖父母。父母在和宝宝说话时，传达的不仅仅是语意本身，脸上的笑容、夸张的表情、眼睛里满满的爱、语言里蕴含的情绪等等，都会被宝宝敏锐的"天线"接收，成为大脑最好的养料。

当宝宝握着小拳头，将眼光转向正在说话的你，发出咕噜咕噜的声音时，学习就已经开始了。

怎么说，宝宝更爱听？

1. 抑扬顿挫的"婴儿语"，宝宝更喜欢

和成年人的正常发音相比，宝宝更喜欢声调略高、声音轻柔、拖长发音的"婴儿语"。

听到"婴儿语"时，宝宝的心率会加快，更愿意听从指令，情绪反馈也更明显。这是因为"婴儿语"的夸张特点能够帮助宝宝辨别并模仿语言中的发音元素，更高效地向宝宝传递感情。

"婴儿语"大约可以用到 3 岁，等宝宝能够流畅表达时，就可以停止使用"婴儿语"了。

2. 说话时，用词要正确而高级，不要担心宝宝听不懂

语料丰富的早教语言环境对于孩子的大脑发育有至关重要的作用。

和宝宝交流，每句话的简短、简洁是必要的，但在词语的选用上不用避开生僻词，表达准确生动，才是宝宝最需要的。不要担心宝宝理解不了，婴儿天生有独特的语言学习机制，深奥的语言和简单的语言，对他们而言并没有难易的差别。只要是他们听到的语言，他们都会很自然地学习并掌握，这也是儿童早期容易学习第二语言的原因。

3. 全情投入，是给宝宝最好的礼物

全情投入是一段高质量亲子交流的前提。

无论对大人还是孩子，被重视都是一件很美妙的事情。在全神贯注的对话中，父母能更敏锐地捕捉到孩子的兴趣所在，宝宝也能感受到关爱和信任，这不仅能引导更触动内心的表达，还能深度滋养亲子关系。

4. 直接跟宝宝说话，不要依赖智能工具

现在有很多讲故事或者语音互动的智能设备，但它们不能代替父母的语言。

根据著名的赫拉别恩法则，沟通中语言本身的影响占比是最小的，只有 7%，而说话时的语调和动作则分别占比 38% 和 55%。也就是说，说话时我们的语气、表情和肢体动作所传递的信息，远比语言本身更丰富、更生动，对宝宝的影响也更大。

除了读绘本，还跟能宝宝说点什么？

1. 跟宝宝讲述接下来要发生的事

换尿布时，可以跟宝宝说"我要打开尿布了""你有点儿臭臭哦"……

喂奶时，可以跟宝宝说"我听到你的肚子咕噜咕噜叫了""我们准备冲奶啦"……

出门时，可以跟宝宝说"我们要去外婆家""今天有点儿冷"……

不管接下来你要做什么，都可以跟宝宝聊聊，让宝宝拥有沉浸式的语言环境。不要以为他什么都不懂，宝宝是天生的语言学习高手，4 个月时就能表现出对正常断句的偏好，父母的语言输入能让宝宝更快理解语言的规律。

2. 发现宝宝感兴趣的事物，解释给宝宝听

虽然宝宝还不会用语言表达，但他已经懂得用自己的方式来表达自己的好奇心了。

当宝宝的眼睛盯着某一件事物时，就是亲子对话发生的最好时刻。和宝宝解释他好奇的东西是什么、有什么用、是什么颜色的等，可以的话，再让宝宝摸一摸。

跟宝宝解释时，最好保持面对面，语速慢一点，方便宝宝观察发音时唇齿的状态。

3. 为宝宝唱一首儿歌或童谣

入睡前，一首轻柔舒缓的儿歌是很好的交流形式，也是宝宝在早期极为重要的语言体验。语言是肉眼看不见的，但它充满了感情，睡前的摇篮曲，情感尤其充沛。

父母可以学唱几首摇篮曲，宝宝在你的声音里感受到的是你的愉悦和关爱，这是建立睡前仪式很好的开始。

4. 大声阅读给宝宝听

如果不擅长"自说自话"，也可以给宝宝读书。宝宝学习语言的机制是自然进行的，只要有输入，就能让大脑的连接活跃起来。无论是读绘本，还是念报纸上的一段话，都能为宝宝提供丰富的早期语言环境。读的时候记得跟宝宝保持眼神和肢体的交流，这样宝宝会更愉悦，对语言的接收效率也会更高。

语言是一座桥梁，让父母和孩子的关系更加亲密。无论谈话技能如何，聊的话题如何，孩子都能从疼爱自己的人口中听到充满爱意的温暖语言，这对他的成长是不可缺少的体验。

"日本绘本之父"松居直说，语言是支撑生命的"生命力"，有了语言，就等于有了"生命力"，拥有"丰富的语言"，就拥有了"丰富的生命力"。

每一次用心的对话，都是我们给孩子最好的馈赠。

附录4：0～3岁宝宝选玩具指南

婴幼儿玩具琳琅满目，应该怎么选？

为宝宝选玩具，安全是第一位的考量。宝宝在家，每天接触最多的物品是玩具，尤其在0～3岁的阶段，他们喜欢把东西放进嘴里探索，喜欢把手指伸进小孔，玩具的安全性真的太重要了。

选玩具的安全要点：

· 材质安全：是否有安全认证（3C认证），尽量少涂料、天然材质优先；

· 大小安全：尽量比宝宝的嘴更大，使宝宝不容易把它们放进嘴里；

· 没有可拆卸的小部件，没有尖锐的角、没有强光、强噪声等；

· 最好选择不带绳子的、非射击类的玩具；

· 对0～3岁的宝宝来说，气球非常不安全。

选玩具的聪明原则：

· 积木、橡皮泥、涂鸦等开放式玩具：玩法不固定，宝宝可以有自己发挥的空间；

· 球类玩具：球类运动方向不固定，玩法也多样，可以滚着玩、抓着玩、扔着玩，对训练宝宝的观察力、手眼协调能力都很有帮助；

· 空间感玩具：这个基本不需要花钱，给宝宝准备几个干净的纸箱，它们就会成为宝宝发挥创意的绝好空间，宝宝可以任意安排这个有边界的空间，玩出很多花样；

· 生活感玩具：不是只有商场买来的才叫玩具，穿旧的衣服、安全的锅碗瓢盆等，都可以成为宝宝的玩具，它们能让宝宝建立跟你生活的同频感，能有效建立宝宝的安全感和秩序感。

0～3 个月的宝宝适合：

·圆角设计的黑白卡 / 人脸卡，或可以挂到婴儿床的布卡；

·柔软、色彩鲜明、可以发出柔和声音的玩具，可以锻炼宝宝循声转头的能力；

·柔软舒适的安抚巾，宝宝可以抱住它、握住它，能随时随地给自己温暖和柔软的安全感；

·摇铃，这个阶段的宝宝喜欢探索自己的双手，摇动摇铃，会让宝宝对自己信心大增；

·曼哈顿球，宝宝手可以 360°抓握，还可以当牙胶，性价比很高。

4～7 个月的宝宝适合：

·边缘安全、不易打碎的树脂或塑料镜子，这个阶段的宝宝喜欢看人脸，从镜子里看到一张令他欣喜的脸，会非常认真地观察自己；

·软球，小小的软球可以握在手里，扔出去还会滚动，会带给宝宝很多惊喜；

·透明的摇铃，宝宝用手摇动摇铃，还能看到产生这些声音的小颗粒，宝宝会更加喜欢仔细观察。

8～12 个月的宝宝适合：

·安全、大块的叠叠乐、套圈玩具，这是宝宝会坐以后的乐趣之一，如果宝宝玩够了叠叠乐，可以换成米粉盒、塑料盒，总之，安全、有容纳空间的物品，非常适合这个阶段的宝宝；

·大积木，比宝宝的嘴大，使他们无法放入嘴里，一定要仔细检查每一块，没有可拆卸的小块再给宝宝，积木非常有助于提高宝宝手眼协调能力、精细动作能力和空间能力；

- 可移动的玩具：会动的小动物玩偶、没有可拆卸部件的玩具车等；
- 因果关系玩具：音乐盒、玩具电话、忙碌板等；
- 可以漂浮、舀水的洗澡玩具；
- 过家家玩具：玩具娃娃、玩具小餐厅等。

13～23个月的宝宝适合：

- 大块的镶嵌类玩具：钉板玩具、拼图玩具、分类玩具等；
- 挖掘类玩具：小水桶、边缘不锋利的小铲子、圆角的小耙子等；
- 平衡感玩具：秋千、跷跷板等，有助于训练宝宝的前庭觉；
- 儿童三轮车：有助于辅助宝宝大运动发展；
- 串连类玩具：大号绕珠（确保珠珠不能单独拿下来）、各种轨道玩具等；
- 毛绒玩具：选易清洗、不掉毛，没有致敏成分、没有可拆解部件的款式；
- 简单的乐器玩具：沙锤、铃鼓、木琴等；
- 拖拉玩具：最好选择绳子可收缩的或者四轮平稳的款式，可以帮助宝宝学步；
- 粗蜡笔：选择材质安全、色彩自然的。

24～36个月的宝宝适合：

- 创造力玩具：各种拼插类玩具、大块乐高等；
- 纸笔或画板：准备好绘画工具，让宝宝自由涂鸦；
- 时间玩具：沙漏等可以学习时间的玩具，帮助宝宝理解抽象的时间概念；
- 足球：选一双包裹性很好的运动鞋，多带宝宝到户外踢球吧；

· 平衡车：能有效锻炼宝宝大运动能力，记得配齐头盔等保护配件；

· 机械玩具：大颗粒的齿轮积木等；

· 角色扮演玩具：小医生套装、超市收银套装玩具等。

宝宝玩玩具时，最好有大人全程陪同。从第一件玩具开始，就培养宝宝收纳和归类的意识，玩具就该放到玩具专属的空间，玩具数量如果超过这个空间的可容纳量，就说明该停止买玩具了。从小让宝宝自己学着收纳玩具，玩完要放回专属空间，也非常有利于培养宝宝的秩序感和空间思维能力。

参考书目

1. 斯蒂文·谢尔弗. 美国儿科学会育儿百科 [M]. 陈铭宇, 周莉, 池丽叶, 主编. 北京: 北京科学技术出版社. 2016.
2. 劳伦斯·科恩. 游戏力养育 [M]. 刘芳, 李凡, 译. 北京: 北京联合出版公司. 2020.
3. 玛丽亚·蒙台梭利. 蒙台梭利儿童敏感期手册 [M]. 蒙台梭利丛书编委会, 编译. 北京: 中国妇女出版社. 2016.
4. Greg Payne, 耿培新, 梁国立. 人类动作发展概论 [M]. 北京: 人民教育出版社. 2008.
5. 威廉·西尔斯, 玛莎·西尔斯, 罗伯特·西尔斯, 詹姆斯·西尔斯. 西尔斯亲密育儿百科 [M]. 邵艳美, 译. 海口: 南海出版公司. 2015.
6. Shaffer, David R. & Katherine Kipp. 发展心理学 [M]. 邹泓, 等, 译. 北京: 中国轻工业出版社. 2013.
7. 贝里·布雷泽尔顿, 乔舒亚·斯帕罗. 儿童敏感期全书（0~3岁）[M]. 严艺家, 译. 海口: 南海出版公司. 2014.
8. T. 布雷泽尔顿, 乔舒亚·D. 斯帕罗给孩子立规矩 [M]. 严艺家, 译. 北京: 化学工业出版社. 2020.
9. 劳拉·马卡姆博士. 平和式教养法（多子女篇）[M]. 孙璐, 译. 上海: 上海社会科学院出版社. 2016.
10. 迈克尔·古里安. 男孩女孩学习大不同 [M]. 王冰, 译. 杭州: 浙江人民出版社. 2018.
11. 特雷西·卡其娄, 贝蒂·尤德森. 0~5岁: 大脑发育关键期的70条养育法则 [M]. 王冰, 译. 北京: 北京联合出版公司. 2016.
12. 劳拉·E. 贝克. 婴儿、儿童和青少年（第5版）[M]. 桑标, 等, 译. 上海: 上海人民出版社发行中心. 2014.
13. 海蒂·麦考夫. 海蒂育儿大百科（0~1岁）[M]. 莫夏迪, 张敏, 译. 海口: 南海出版公司. 2014.
14. 海蒂·麦考夫. 海蒂育儿大百科（1~3岁）[M]. 莫夏迪, 译. 海口: 南海出版公司. 2014.
15. 松居直. 绘本是亲子感情的脐带 [M]. 唐亚明, 译. 南京: 南京大学出版社. 2022.
16. 乌里珂·杜普夫纳. 打开孩子世界的100个问题 [M]. 汤磊, 译. 北京: 机械工业出版社. 2021.
17. 藤崎达宏. 不可思议的潜能: 0~3岁蒙台梭利养育法 [M]. 范宏涛, 译. 北京: 致公出版社. 2022.
18. 藤崎达宏. 了不起的敏感期: 3~6岁蒙台梭利养育法 [M]. 范宏涛, 译. 北京: 致公出版社. 2022.
19. 达娜·萨斯金德, MD, 贝丝·萨斯金德. 父母的语言 [M]. 任忆, 译. 北京: 机械工业出版社. 2021.
20. 松田道雄. 育儿百科 [M]. 王少丽, 译. 北京: 华夏出版社. 2010.

21. 艾莉森·高普尼克. 园丁与木匠 [M]. 刘家杰, 赵昱鲲, 译. 杭州: 浙江人民出版社. 2019.

22. 史蒂夫·比达尔夫. 养育男孩 [M]. 丰俊功, 宋修华, 译. 北京: 中信出版社. 2019.

23. 萨莉·海因斯. 性别是流动的吗 [M]. 刘宁宁, 译. 北京: 中信出版社. 2020.

24. 阿尔瓦罗·毕尔巴鄂. 孩子的大脑: 智商与情商的真相 [M]. 张冉星, 译. 北京: 北京科学技术出版社. 2018.

25. 艾尔菲·科恩. 无条件养育 [M]. 北京: 中国致公出版社. 2021.

26. 凯西·赫什-帕塞克, 罗伯塔·米尼克, 格林科夫, 迪亚娜·埃耶. 游戏天性: 为什么爱玩的孩子更聪明 [M]. 鲁佳珺, 周玲琪, 译. 北京: 机械工业出版社. 2021.

27. 金龙, 王晓刚. 婴幼儿的体质评估和运动健身方案 [M]. 北京: 北京体育大学出版社. 2007.

28. 王曦影, 萨支红. 性别平等的全面性教育案例手册 [M]. 北京: 中国经济出版社. 2019.

29. 伊莎贝拉·费利奥莎, 阿努克·迪布瓦. 我什么办法都试过了! 理解一至五岁孩子 [M]. 魏舒, 译. 北京: 新星出版社. 2017.

30. 路易丝·埃姆斯, 弗兰西斯·伊尔克, 卡罗尔·哈柏. 你的1岁孩子 [M]. 格塞尔人类发展研究所, 崔运帷, 译. 北京: 北京联合出版公司. 2018.

31. 路易丝·埃姆斯, 弗兰西斯·伊尔克, 卡罗尔·哈柏. 你的2岁孩子 [M]. 格塞尔人类发展研究所, 崔运帷, 译. 北京: 北京联合出版公司. 2018.

32. 新科学家杂志, 格雷厄姆·劳顿·杰里米·韦布, 珍妮弗·丹尼尔. 人类鉴定手册 [M]. 叶平, 译. 长沙: 湖南科技出版社. 2019.